RAPPORT

A M. le Ministre de l'Instruction publique et des Beaux-Arts

SUR UNE

MISSION ARCHÉOLOGIQUE

EN PORTUGAL

ET

DANS LE SUD DE L'ESPAGNE

PAR

M. Alexandre BOUTROUE

PARIS

ERNEST LEROUX, ÉDITEUR

28, RUE BONAPARTE, 28

1893

RAPPORT

A M. le Ministre de l'Instruction publique et des Beaux-Arts

SUR UNE

MISSION ARCHÉOLOGIQUE

EN PORTUGAL

ET

DANS LE SUD DE L'ESPAGNE

PAR

M. Alexandre BOUTROUE

PARIS

ERNEST LEROUX, ÉDITEUR

28, RUE BONAPARTE, 28

1893

RAPPORT

A M. le Ministre de l'Instruction publique et des Beaux-Arts

SUR UNE

MISSION ARCHÉOLOGIQUE EN PORTUGAL

ET

DANS LE SUD DE L'ESPAGNE

PAR

M. Alexandre BOUTROUE

Monsieur le Ministre,

J'ai l'honneur de venir vous rendre compte de la mission archéologique en Portugal et dans le sud de l'Espagne, dont vous avez bien voulu me charger par votre arrêté du 8 décembre 1890.

Parti de Paris le 4 janvier 1891, je me suis embarqué le lendemain à Bordeaux pour Lisbonne et suis resté en Portugal jusqu'au 12 mars. Je suis alors venu dans le sud de l'Espagne et, le 8 avril, je rentrais en France, ayant ainsi séjourné un peu plus de deux mois dans le premier de ces deux pays et environ un mois dans le second.

C'est donc principalement sur le Portugal qu'ont porté mes recherches; aussi, en retraçant l'itinéraire de mon voyage, aurai-je soin d'indiquer les monuments et les collections qui, au point de vue archéologique et artistique, m'ont paru dignes d'y être signalés.

La Société de géographie de Paris m'avait délégué auprès de sa sœur de Lisbonne, qui m'a chargé d'offrir à notre Société huit cartes et trente-huit volumes : j'ai rendu compte de cette délégation dans la séance de la Commission centrale de la Société de géographie de Paris du 1er mai 1891.

J'ai déposé au Service hydrographique de la marine dix-huit cartes des colonies portugaises et vingt-sept livres et brochures.

Dans la séance de la Commission centrale de la Société de géographie de Paris du 19 juin 1891, j'ai fait, sur le Portugal, une conférence dont la sténographie a été traduite en portugais et publiée par le *Jornal do Commercio*, de Lisbonne, dans ses numéros des 11, 12, 14 et 18 avril 1891. J'ai fait de semblables conférences devant les Sociétés de géographie de Boulogne-sur-Mer et de Tours.

J'ai eu l'honneur d'offrir à la Bibliothèque de l'Institut de France, à celle de l'École des beaux-arts et à celle de la Société des Antiquaires de France quarante volumes et seize photographies.

L'Alliance française, association pour la propagation de la langue française dans les colonies et à l'étranger, m'avait chargé de la représenter en Portugal. J'ai fait, au siège de la Chambre de commerce française, à Lisbonne, le 11 février 1891, une conférence sur l'histoire de notre langue et sur la place qu'elle occupe actuellement dans le monde, à la suite de laquelle un comité de l'Alliance française a été constitué.

Toutes mes recherches dans les bibliothèques du Portugal ont été encouragées par l'excellent accueil que j'ai reçu des conservateurs de ces bibliothèques et des divers agents administratifs auxquels j'ai dû avoir recours.

Parmi les personnes qui m'ont facilité l'accomplissement de ma mission en me donnant tous les renseignements dont je pouvais avoir besoin et en m'éclairant sur le passé et sur l'état actuel du pays, je dois signaler : M. A. Maury, président de la Chambre de commerce française en Portugal ; M. Ratard, chancelier de la légation de France, faisant fonctions de consul à Lisbonne ; M. Fernand de Boussignac, vice-consul de France à Porto ; et parmi les Portugais : M. le chevalier J. P. N. da Silva, architecte, associé étranger de l'Institut de France (Académie des beaux-arts) ; M. Estaçio da Veiga, archéologue, fondateur du Musée des antiquités de l'Algarve à Lisbonne ; M. Luciano Cordeiro, secrétaire perpétuel de la Société de géographie de Lisbonne et député aux Cortès ; M. J.-P. de Oliveira Martins, député aux Cortès ; M. Pinheiro Chagas, député, ancien ministre de la Marine et directeur du *Correio da Manhã* ; M. Latino Coelho, député, ancien ministre ; M. Magalhães Lima, rédacteur en chef du journal *O Seculo* ; M. le major Serpa Pinto, explorateur ; M. Brito Capello, officier de marine et explorateur ; M. le duc de Loulé ; M. le comte Daupias ; M. Alfredo Bem Saude, professeur de minéralogie à l'École industrielle de Lisbonne ; M. Antonio Françisco Barata, conservateur de la Bibliothèque d'Evora ; M. Joaquim de Vasconcellos, directeur du Musée industriel d'Oporto ; M. Bernardo da Cruz, agent consulaire de France et directeur du journal *O Districto de Faro* (Algarve).

Je prends la respectueuse liberté, Monsieur le Ministre, d'appeler votre bienveillante attention sur la *Bibliographie d'archéologie portugaise* (Appendice V), qui contient la liste des principaux ouvrages d'archéologie préhistorique, d'archéologie et d'épigraphie romaines, d'archéologie portugaise proprement dite, et celle des ouvrages relatifs à l'histoire de l'art, des monuments et des artistes en Portugal.

Dans l'Appendice IV j'ai dressé la liste des monuments funéraires des rois et reines de Portugal en indiquant leurs emplacements : j'ai visité le plus grand nombre de ces tombeaux.

Parmi les objets d'art les plus remarquables que possède le Portugal, il faut citer en première ligne les deux bas-reliefs grecs appartenant à M. le duc de Loulé (Appendice I), et le triptyque émaillé de la Bibliothèque d'Evora (Appendice II).

Dans la petite collection de vases grecs appartenant à M. le comte Daupias dont j'ai déposé douze photographies à la Bibliothèque de l'École des beaux-arts, il faut remarquer le vase catalogué n° 7, publié en 1843 par Gerhard à la planche 95-96 de ses *Auserlesene Vasenbilder*; et le n° 13, qui est un des beaux produits de la céramique peinte du v° siècle avant J.-C.

C'est avec une vive surprise que le voyageur constate que le Portugal, où les Romains et les Arabes ont séjourné pendant si longtemps, ne contient que des ruines insignifiantes des monuments élevés par ces deux grands peuples.

M. Estaçio da Veiga, chargé par son gouvernement d'une mission archéologique dans l'Algarve, d'où les Arabes n'ont été chassés qu'au xiii° siècle, attribue cette disparition à l'intolérance religieuse, qui s'est attaquée stupidement aux monuments, ainsi qu'à l'incurie et à l'ignorance de ses compatriotes, et je ne puis mieux faire que de traduire la dernière page (p. 173) de son *Mémoire sur les antiquités de Mertola* :

« Qui a détruit les monuments arabes sur lesquels on pouvait lire des inscriptions, et en a fait des matériaux employés au revêtement de la tour édifiée à Mertola en 1292 ? A mon avis, les chevaliers-moines de San-Thiago (Saint-Jacques) doivent être rendus responsables de ces crimes contre l'art. Et qui sait si les pièces de monnaie à l'effigie de nos rois, les Sanche, les Affonso, que j'ai découvertes à Mertola, n'étaient pas la récompense des actes de brutalité fanatique accomplis par ceux qui renversaient les monuments de cette civilisation arabe, qui a puni elle-même si souvent et avec une excessive sévérité les violences que quelques-uns de ses magistrats commettaient à l'encontre des chrétiens vivant librement à l'abri de leur tolérance?

« On ne doit pas demander des comptes trop sévères à ceux qui ne peuvent pas se défendre, et il est nécessaire de ne pas laisser passer sans les redressements d'une juste critique les faits que la raison ne peut justifier. »

Il faut, du reste, reconnaitre que les ruines romaines dans la péninsule ibérique toute entière sont moins belles que celles qu'on rencontre dans le Midi de la France : on n'y trouve rien d'aussi bien conservé ni de comparable comme style au théâtre d'Orange, aux arènes de Nîmes et d'Arles, au pont du Gard et à la Maison Carrée.

Le Portugal a produit plus de grands navigateurs et de hardis capitaines que d'artistes originaux. Aussi les monuments ont-ils été élevés la plupart du temps dans ce pays par des artistes étrangers ou sous leur inspiration, ainsi que l'avait proclamé avant moi M. Charles Yriarte (*Gazette des Beaux-Arts* de 1882, t. XXVI, p. 28). Ce fait est suffisamment attesté par la liste que je joins à ce *Rapport* (Appendice III), dans laquelle j'ai indiqué les principaux artistes étrangers qui sont venus travailler en Portugal ou dont l'influence s'y est fait sentir.

La visite des monuments du pays et l'étude de sa langue sont rendues particulièrement difficiles pour nous, parce qu'il n'existe pas un bon guide écrit en français et parce que les grammaires et dictionnaires portugais à l'usage de nos compatriotes sont mauvais.

Les grammaires ne contiennent généralement pas d'indications pratiques au sujet de la prononciation de la langue portugaise qui en forme la seule difficulté, et elles paraissent avoir été rédigées par des auteurs qui n'ont pas vécu dans le pays. Les dictionnaires portatifs sont incomplets; ils ont été faits par des étrangers qui ne pouvaient satisfaire aux exigences de personnes habituées à penser dans notre langue.

Quant aux guides, il est triste d'être obligé de recourir à un livre anglais de la collection Murray, le moins médiocre de tous, mais dans lequel on rencontre, à chaque instant, un esprit d'hostilité dirigé contre la France. Les opérations militaires de nos armées pendant la guerre péninsulaire y sont rapportées avec une partialité révoltante, et on y lit sans cesse les récits complaisants et exagérés des excès contre les personnes et des actes de vandalisme contre les monuments commis par nos soldats.

M. Auguste Bouchot a plus justement apprécié le résultat de nos malheureuses campagnes de 1807 à 1811, lorsqu'il a dit, dans son *Histoire du Portugal*, à la page 348 : « Ainsi, trois fois la France avait entrepris de soumettre le Portugal, et trois fois elle y avait échoué, malgré l'incontestable supériorité de ses soldats, malgré la juste réputation de ses généraux. C'est qu'indépendamment des funestes rivalités qui avaient trop souvent paralysé ses forces, elle y avait trouvé les Anglais dont les vaisseaux ne cessaient de verser de nouveaux renforts sur les rivages du Portugal, et surtout des peuples neufs, opiniâtres, secondés par la nature de leur pays, et combattant contre elle au nom de leur religion, au nom de la liberté, tandis qu'elle ne les attaquait qu'au profit d'une ambition personnelle et d'un système politique. »

Et un peu plus loin, à la page 350 :

« Il ne serait pas juste de croire que cette grande lutte et ces trois invasions (celles de Junot, de Soult et de Masséna), et toutes ces douleurs fûssent stériles pour le Portugal, ou qu'il n'y gagnât qu'une glorieuse indépendance. Il en fut de ce pays, comme de l'Allemagne, comme de l'Italie, comme de toutes les contrées où les armées françaises pénétrèrent. Elles y avaient porté avec elles des idées nouvelles qu'en se retirant elles laissèrent après elles comme une marque ineffaçable de leur passage. »

Ainsi que je l'ai dit dans ma conférence, les Portugais n'ont pas le goût du travail ni l'esprit d'initiative; il leur manque des penseurs hardis, des savants et des artistes originaux, des ingénieurs entreprenants; mais ils possèdent des écrivains, des poètes et des orateurs. Il est facile de constater dans le Portugal actuel un mouvement de renaissance littéraire : des poètes comme MM. Anthero de Quental et Guerra Junqueiro; des orateurs comme M. Latino Coelho; des écrivains comme MM. Gabriel Pereira, J. P. de Oliveira Martins, Pinheiro Chagas, Joaquim de Vasconcellos, sont l'honneur d'un pays.

Nous sommes à une époque où la question de la suppression de l'esclavage dans le centre de l'Afrique, ainsi que celle des lacs intérieurs du Continent noir, préoccupent les esprits, ce qui donne une certaine actualité aux extraits que nous allons emprunter à deux lettres adressées au roi de Portugal.

La première a été écrite par Bento Banha Cardoso, gouverneur d'Angola, de 1611 à 1615 :

« Il y a beaucoup de fer et de plomb, dit-il, dans le royaume du Congo et d'Angola, mais on en fait peu de cas, parce que, tout le monde étant généralement employé à faire le commerce des nègres, on se désintéresse de tout le reste[1]. »

1. « Ha muito ferro e ha chumbo em Angola e Congo ; de todas estas cousas se faz lá mui pouco caso, porque empregados os homens communente no resgate dos negros, se descuidam do mais. »

Dans la seconde lettre, écrite en 1618, Balthazar Rebello parle en
ces termes d'un lac du centre de l'Afrique : « Les indigènes disent qu'
la latitude de 6° il y a un grand lac où l'on rencontre beaucoup d
bêtes féroces et de serpents de grandes dimensions, d'où sortent beau
coup de rivières et où l'on dit que le Nil prend sa source. » (*Memo
rias de Ultramar*, fascicules n° 5, p. 18 et n° 2, p. 15.)

Nous allons indiquer sommairement les collections et les monu
ments qui, en dehors de ceux signalés dans tous les « Guides de
Voyageurs », nous ont paru particulièrement dignes d'attirer l'atten
tion de l'archéologue.

PORTUGAL

LISBONNE

1. Le Musée des beaux-arts a été créé en décembre 1883 dans le palais des « Janellas verdes » (des fenêtres vertes) construit par le marquis de Pombal au siècle dernier. M. le duc de Loulé, grand chambellan de la reine douairière Dona Maria Pia, fille du roi Victor-Emmanuel et mère du roi actuel, y a déposé ses deux bas-reliefs grecs en marbre découverts à Herculanum (Appendice I). Parmi les tableaux, signalons quelques œuvres portugaises du XVIᵉ siècle.

Jean van Eyck (1386?-1440) faisait partie de l'ambassade qui fut envoyée en 1428 par Philippe III le Bon, duc de Bourgogne, pour demander la main de la fille du roi Jean Iᵉʳ.

Après lui, d'autres artistes flamands et hollandais vinrent travailler à la cour des rois de Portugal, notamment Gerhardt David, mort en 1523, dont on voit des œuvres remarquables dans la chapelle de l'archevêché d'Evora; Antonio Moro (1512-1581); et Christovào van Utrecht (1599-1653), auquel on attribue un délicieux petit portrait de Vasco de Gama? qui figure dans ce musée sous le nᵒ 550.

C'est sous l'influence de ces peintres des écoles du nord que se forma une école portugaise dont les plus beaux tableaux se trouvent : à l'hôpital de la Misericordia et dans la sacristie de la cathédrale de Vizeu, capitale de la province de la Beira-Alta; à l'église du Bom Jesus de Setubal; dans le chœur de la cathédrale de Thomar; dans la acristie de l'église Santa-Cruz à Coïmbra, et au Musée de Lisbonne.

Ces œuvres ne sont pas signées et on les attribue généralement au plus célèbre de ces maîtres, Vasco Fernandez « dit le grand Vasco », dont l'identité n'a pas été très nettement déterminée. Le chef-d'œuvre de cette école est le *Saint Pierre sur son trône*, de la sacristie de la cathédrale de Vizeu. Par son style, son coloris et la minutie des détails, l'œuvre trahit une influence flamande; par le type de la physionomie, elle est franchement portugaise. (V. Raczinski, *Les Arts en Portugal*, Paris, 1846, in-8, *passim*, et Justi, *Die portugiesische Malerei des* XVI. *Jahrhundert*.)

On voit encore au musée quelques meubles, notamment des chaises avec de hauts dossiers en bois sculpté et en cuir estampé et repoussé qui sont un des plus beaux produits de l'industrie portugaise au XVIIᵉ et au XVIIIᵉ siècles.

2. Le palais « das Necessidades » où habitait le roi dom Fernando de Saxe-Cobourg-Gotha, mari de la reine Dona Maria II et grand-père du roi actuel dom Carlos, contient une collection d'objets d'arts de toutes sortes qui vont être dispersés par suite du partage de sa succession.

3. La galerie de tableaux, d'objets d'art et de vases peints du comte Daupias est la plus riche collection particulière de Lisbonne : elle est plus riche même que le musée. On y voit des portraits de l'école française du XVIIIᵉ siècle, un Watteau, un *Pater*, deux portraits de Reynolds et de Lawrence; nombre d'excellents tableaux de l'école française contemporaine, parmi lesquels un Troyon, deux Corot, l'*Esclave* de M. Gérôme, la *Renaissance*, par M. Detaille, des meubles, des porcelaines de Chine et de Saxe, des tabatières, etc.[1].

4. L'hôtel du marquis da Foz, vaste construction à peine terminée, sur l'*avenida da Libertade*, les Champs-Élysées de Lisbonne, est, avec la collection du comte Daupias, la plus grande curiosité artistique de cette capitale : la rampe de l'escalier en fer forgé est un chef-d'œuvre de l'industrie française contemporaine. — Tapisseries des Gobelins. — Argenterie de Germain. — Portraits du XVIIIᵉ siècle, notamment un par Drouais, acheté récemment au baron de Saint-Pierre qui fut sénateur de la Manche. — Meubles des styles Louis XIV, Louis XV et Louis XVI.

5. La Bibliothèque nationale est installée dans l'ancien couvent de San-Francisco : elle contient quelques beaux manuscrits du XIVᵉ au XVIᵉ siècle, des médailles romaines impériales en or, etc. Là se trouvent également l'École et la Bibliothèque des beaux-arts ainsi que le Musée des antiquités de l'Algarve fondé par M. Estacio da Veiga.

---

1. Depuis que ce rapport a été écrit, M. le comte Daupias a vendu à Paris, à la salle Georges-Petit, les 16 et 17 mai 1892, sa collection de tableaux pour la somme de 1,234,000 francs.

Ce petit musée, composé d'antiquités préhistoriques, romaines et wisigothes découvertes en Algarve, telles que : inscriptions, verreries, monnaies, briques, plombs, débris de poteries, etc., n'est pas ouvert au public et il n'en existe pas de catalogue. M. de Laurière a reproduit quelques inscriptions chrétiennes figurant dans ce musée, aux pages 637 à 647 du t. XLVII du *Bulletin monumental* (année 1881).

6. La Bibliothèque de l'Académie des sciences installée dans un ancien couvent de Jésuites construit par la reine Dona Maria II à la fin du siècle dernier, possède le célèbre missel in-4°, orné en 1610 de superbes miniatures par un Portugais, Esteban Gonzalvez. Ces miniatures sont de véritables tableaux : elles ont été reproduites par M. Curmer en chromolithographie, mais les reproductions sont bien inférieures aux originaux. — Manuscrits arabes. — Atlas dessiné et enluminé en 1570 par un navigateur qui était en même temps un excellent cartographe et miniaturiste.

Elle contient également le musée géologique, minéralogique et d'archéologie préhistorique composé et fort bien classé par MM. Carlos Ribeiro et Delgado. M. Cartailhac l'a mis à contribution dans son ouvrage sur *Les Ages préhistoriques de l'Espagne et du Portugal*, in-8°, 1886. C'est là que se trouve la table de bronze romaine d'Aljustrel étudiée par MM. Estacio da Veiga et Augusto Soromenho.

7. L'ancien couvent de Sam-Bento (Saint-Benoît) contient les palais des deux chambres et la *Torre do Tombo* (la tour du livre), où ont été réunies une notable partie des archives du Portugal et les dossiers des procès de l'Inquisition qui fit tant de victimes dans ce pays. On y voit un atlas richement enluminé en 1571 par Fernão Vas Dourado, habile cartographe et miniaturiste et la célèbre Bible manuscrite en 7 volumes offerte par Léon X au roi dom Manoel.

8. A Belem, à 4 kilomètres de Lisbonne, sur le bord du Tage, l'ancien couvent « dos Jéronimos » (Hiéronymites), aujourd'hui *casa Pia*, où on élève de jeunes orphelins, et l'église de ce couvent avec son cloître, figurent parmi les plus beaux monuments du Portugal de style manuélin, c'est-à-dire de l'époque du roi Manoel, au commencement du xvi° siècle. C'est un mélange des styles gothique, de la Renaissance, arabe et indou. Ces monuments, élevés au retour de Vasco de Gama de l'Inde en 1499, sont une sorte de chant de triomphe célébrant la conquête des nouvelles terres. L'ornementation est trop riche, mais la nef de l'église de Belem supportée par des piliers minces et légers de 40 mètres de hauteur, semblables à des palmiers, est grandiose. On y voit les tombes de Camões ?, Vasco de Gama ?, du roi D. Manoel et d'autres rois.

Ne quittons pas Lisbonne sans signaler l'asile Saint-Louis compos
d'un hospice et d'une école fondés par M. l'abbé Miel, chapelain d
l'église Saint-Louis-des-Français depuis trente-quatre ans, et desser
vis par les sœurs de Saint-Vincent-de-Paul. Ce sont des établissement
qui font le plus grand honneur à notre pays sans rien coûter à l'Éta
Ils sont soutenus par la Société française de bienfaisance et par le pri
de la pension payée par les enfants de la bonne bourgeoisie portugai
qui fréquentent l'école.

Mentionnons également les travaux du port de Lisbonne exécuté
par la maison Hersent et Cⁱᵒ de Paris, où travaillent plus de deux mil
ouvriers. Ces travaux sont dirigés par M. A. Maury, ingénieur des ar
et manufactures et président de la Chambre de commerce française e
Portugal. Ils coûteront environ 70 millions de francs. On ne pe
leur reprocher que d'être en disproportion avec l'importance actuel
du port et avec les ressources du pays.

ÇINTRA ET SÉTUBAL

1. Çintra est à 28 kilomètres de Lisbonne : le chemin de fer traver
un pays généralement découvert et sans arbres qui a une lointai
anologie avec la campagne romaine et avec les environs de Consta
tinople : mais ici, le ciel est plus lumineux qu'à Rome.

2. En approchant de Çintra on voit sur une petite montagne (a ser
de Çintra) dont les flancs sont couverts de verdure, le château for
fié de la Pena, « o palacio acastellado da Pena », et, sur un pic s
paré du premier par un petit vallon, les ruines d'un ancien châte
arabe dont il ne reste qu'une muraille crénelée, des vestiges d'u
mosquée, et une fontaine voûtée qui est, suivant M. Ferdinand Den
un ancien bain romain.

3. La végétation luxuriante de la serra de Çintra contraste avec
pays dénudé qu'on vient de parcourir. Dans la ville, le château roya
été construit par Jean Iᵉʳ à la fin du xɪvᵉ siècle et agrandi par le roi
Manoel au commencement du xvɪᵉ. Il évoque les souvenirs des évér
ments les plus mémorables de l'histoire du Portugal et rappelle, p
sa disposition, ses jardins, ses fontaines et son architecture, un pal
arabe qu'il a remplacé.

La salle décorée avec des pies portant dans leurs becs les mot
Por Bem « pour le bien » se lie à une anecdote du roi D. Jean]

surpris par sa femme, Philippa de Lancastra, en conversation avec une de ses dames d'honneur, et qui pour s'excuser dit : *Por Bem*, « c'est en tout bien », variante du mot d'Édouard III : « Honni soit qui mal y pense. »

Vaste salle de style manuélin décorée de cygnes. — La salle d'armes offre les blasons de soixante-quatorze familles nobles de la cour de D. Manoel. — La salle où fut enfermé pendant les sept dernières années de sa vie le roi Alphonse VI devenu vicieux, méchant et impotent. — Celle où le roi D. Sébastien réunit, en 1578, son conseil avant de partir pour le Maroc où il devait trouver la mort sur le champ de bataille d'Alcazar-el-Kébir.

Le château de la Pena, situé à 582 mètres d'altitude, couronne la serra de Çintra : on y a une vue immense sur le Tage, l'Océan et l'intérieur dénudé du pays. Il fut construit par D. Manoel au commencement du XVIe siècle et remplaça un couvent. Les motifs de décoration sont empruntés à la navigation comme au couvent de Belem : c'est un nouvel hosannah destiné à célébrer la découverte de la route de l'Inde par Vasco de Gama.

Son architecture et sa décoration sont spéciales à ce pays et à cette époque et ont été justement appelées manuélines, bien que le roi ait souvent eu recours à des artistes étrangers qui ne laissaient pas que de traduire exactement les aspirations du peuple au milieu duquel ils vivaient.

Le château de la Pena a été bien restauré et en grande partie reconstruit, il y a une quarantaine d'années, par le roi D. Fernando qui avait un goût éclairé pour les beaux-arts.

Ce qui est vraiment admirable, c'est la forêt de pins, de lauriers, camélias, araucarias, au feuillage persistant, qui couvre la montagne couronnée par les ruines du château arabe et par le château de la Pena.

4. A Sétubal, un ancien couvent construit par Jean II à la fin du XVe siècle, est aujourd'hui remplacé par un hospice. L'église de Bom Jésus, dépendant de cet hospice, est supportée par des colonnes torses d'un effet original ; elle contient quinze tableaux de style flamand, dont quelques-uns d'une belle composition et d'un heureux coloris ; on les a attribués au fameux et insaisissable peintre portugais du XVIe siècle, « le Gran Vasco ».

5. Le château de Palmella, appartenant au duc de ce nom, est situé au sommet d'une hauteur isolée de 300 mètres. Ce fut le siège de l'ordre militaire et religieux de San-Thiago (Saint-Jacques), qui fut riche et puissant. Il n'en reste que des ruines imposantes et pit-

toresques, mais le climat, la situation, la vue, le ciel bleu, les plan-
tations d'oliviers et d'orangers y sont supérieurs aux monuments élevés par la main des hommes.

THOMAR

L'ordre des chevaliers du Christ remplaça en 1318 celui des Tem
pliers dont il ne fut que la transformation; il s'installa à Thoma:
dans le vaste et magnifique couvent que ses devanciers y avaient édifié
L'église, qui remonte au XII° siècle, fut reconstruite au XIV°, com
plétée et décorée par le roi D. Manoel, ancien maître de l'ordre du
Christ, au début du XVI° siècle; on y trouve des traces de l'architec
ture de ces trois époques. Le chœur, de forme circulaire produit
par la retombée des voûtes qui l'isolent de l'abside, est d'une dispo
sition originale qui remonte peut-être au XII° siècle.
Les motifs de décoration de la partie du monument reconstruite au
XVI° siècle sont empruntés à la navigation et à la faune marine; on
voit des sphères armillaires, des cordages, des anneaux, coquillages
animaux fantastiques, etc. Au XVII° siècle, pendant la période où l'Es
pagne domina le Portugal, Philippe III et Philippe IV y construisi
rent de vastes cloîtres.
Le château, l'église, le couvent et les cloîtres de Thomar formen
une réunion d'édifices, aujourd'hui abandonnés, qui rappellent le
plus grands événements de l'histoire du Portugal; ils occupent ur
plateau dominant la campagne environnante, et il serait intéressan
d'en faire la restauration. Si jamais un architecte pensionnaire d
l'Académie de France à Rome venait visiter ce pays, il ferait un
œuvre utile en entreprenant cette restauration.

GUIMARÃES ET BRAGA

1. Guimarães est le berceau de la monarchie portugaise; son ché
teau fut édifié au XII° siècle par Affonso Henriquez, premier roi d
Portugal, dans le style d'architecture militaire régnant en France à l
même époque; il a quelque analogie avec le château Gaillard aux A
delys. Il est en ruines, sauf le donjon construit en grand appareil.

2. Tous les siècles ont marqué leur empreinte sur la cathédrale de Braga, depuis le XII° jusqu'au XVIII° siècle. De l'ancienne *Bracara Augusta* à laquelle aboutissait la voie romaine qui traversait la province *Tarragonaise*, il ne reste que quelques inscriptions et de nombreuses bornes milliaires.

OPORTO ET VIZEU

1. L'église San-Martinho de Cedofeita (*cito facta*) construite en hâte en l'an 556, par le roi suève Théodémir pour recevoir des reliques de saint Martin de Tours, a été réédifiée au X° siècle; on l'a restaurée il y a quelques années. Il n'y a en Portugal que les ruines des monuments romains qui soient plus anciennes que cette petite église.

2. A l'hospice de la Miséricorde, à Porto, un curieux tableau du XVI° siècle représente le Christ crucifié entre la Vierge et saint Jean-Baptiste également mis en croix. On a cru voir parmi les personnages des portraits du roi D. Manoel et de sa cour. C'est probablement l'œuvre d'un peintre flamand qui résidait en Portugal.

COIMBRA

L'ancienne cathédrale « A Se Velha » est un monument du XII° siècle dont le mur d'enceinte a été crénelé; le portail nord est de l'époque de D. Manoel. Les piliers de la nef principale sont couverts de carreaux émaillés « azulejos » bleus, d'un beau coloris. Ces azulejos sont un legs précieux que l'industrie des Arabes a transmis aux peuples de la péninsule ibérique.

Il y a également des azulejos à fond jaune des XVI° et XVII° siècles dans le cloître « de la Manga » (la Manche), dépendant du couvent de Santa-Cruz. L'église de ce couvent fut reconstruite sous D. Manoel par les architectes français Jean de Rouen et Jacques Longuin. Thomas Velho sculpta les beaux monuments funéraires d'Affonso Henriquez et de D. Sanche Ier dont le roi D. Manoel fit transporter les dépouilles de Guimarães dans le chœur de l'église de Santa-Cruz. Elle possède en outre une riche collection de reliquaires, d'objets d'orfèvrerie religieuse et de vêtements sacerdotaux.

La bibliothèque de l'Université de Coimbra a été décorée par Jean V dans le style pompeux qui régnait en Portugal pendant le premier tiers du XVIII° siècle.

LEIRIA, BATALHA, ALCOBAÇA, MAFRA

1. Les ruines du château de Leiria, situées sur un rocher qui domine la contrée, sont celles d'un monument construit par le roi Diniz (Denis) le Laboureur (1279-1325).

2. Je me réfère, en ce qui touche les monastères de Batalha, d'Alcobaça et de Mafra, aux nombreux ouvrages qui ont parlé de ces célèbres monuments, spécialement à celui que l'architecte anglais James Murphy a publié en 1795 sur l'église de Batalha.

Batalha est située dans un ravin : on ne l'aperçoit qu'en y arrivant. C'est une magnifique église, avec cloîtres et couvent, construite en 1388 par le roi D. João Ier en mémoire de la victoire qu'il remporta à Aljubarrota le 15 août 1385 sur les Espagnols. Il la donna aux Dominicains. Le style gothique est pur pour l'époque qui est déjà celle du style flamboyant. On admire la belle chapelle du fondateur où Jean Ier mort en 1434, et sa femme Philippa de Lancastre morte en 1416, reposent dans un haut mausolée couvert de leurs statues en pierre sculptée. Autour de cette chapelle, dans des niches, se trouvent les tombes de leurs quatre fils, parmi lesquels figurent le saint infant D. Fernand (1402-1443) qui mourut prisonnier des Arabes au Maroc, et D. Henrique le Navigateur (1394-1460), le fameux promoteur des voyages et des découvertes qui ont fait, au XV° et au XVI° siècles, la grandeur du Portugal.

Dans une chapelle de l'abside repose le roi Dom Duarte, qui succéda à Jean Ier, son père, ainsi que sa femme Dona Leonor. Sur ces tombeaux on lit des devises françaises, telles que : « Le bien me plaist »; « Je ai bien raison ». Celle de l'infant Dom Henrique est : « Talent de bien faire », talent pris dans le sens de désir; et celle de son frère D. Pedro, « Désir ».

La salle du Chapitre a une large voûte très hardie qui s'est écroulée deux fois avant d'avoir été construite; c'est l'œuvre d'un architecte portugais qui s'est représenté lui-même au bas d'une des nervures.

Beau cloître manuélin; mais ce qui est surtout précieux, c'est la « Chapelle Imparfaite », commencée par le même D. Manoel, et interrompue en 1516 par la mort de l'architecte Mattheus Fernandez et par les travaux du couvent « dos Jéronimos » de Belem. Les travaux n'ont jamais été repris depuis cette époque.

On a installé dans le réfectoire du couvent de Batalha un musée contenant les parties anciennes de l'édifice qui ont été refaites, et le casque de fer de Jean Ier, ainsi que l'épée dont il s'est servi à Aljubarrota. Tout le monument a été bien restauré et est entretenu en bon état.

3. Lorsque, en 1139, le premier roi de Portugal, Affonso Henriquez, remporta sur les Maures la bataille d'Ourique et leur prit ensuite, en 1147, la ville de Santarem, il demanda à saint Bernard qui venait de prêcher à Vézelay la seconde croisade, des moines auxquels il donna un vaste territoire, et qui célébrèrent ses victoires en élevant le couvent d'Alcobaça, l'un des plus vastes de la chrétienté. Suivant un auteur portugais, « les cloîtres y sont des villes, la sacristie une église, et l'église une basilique ».

Cette dernière, édifiée de 1148 à 1222 sur les plans de l'architecte français, l'abbé Ranulphe, est dans le style de nos monuments romans et de transition du XIIe siècle. Vaste nef centrale avec deux nefs latérales, beau chœur, abîmé au XVIIIe siècle par un architecte qui y mit des colonnes corinthiennes. Style sévère et pur ; la façade a été malheureusement refaite dans un mauvais style au XVIIe siècle.

Au XIIIe siècle le roi Diniz y construisit un beau cloître, mais la merveille est le tombeau du roi D. Pedro Ier le Justicier et d'Ignez de Castro assassinée par ordre de D. Alphonse IV, père de D. Pedro. Celui-ci, devenu roi, la fit relever de son tombeau à Coimbra en 1361, six ans après sa mort, pour la transporter à dos d'hommes, couronne en tête et entourée de toute sa cour portant des flambeaux allumés, dans la chapelle qu'il avait fait construire à côté du transept d'Alcobaça ; il y a 17 lieues de Coimbra à Alcobaça.

Les statues des deux époux, plus grandes que nature, couchées sur leurs tombeaux en face l'une de l'autre afin de se rencontrer face à face au jour du jugement dernier, ont été bien restaurées : elles sont belles, intéressantes au point de vue iconographique, le roi ayant fait sculpter sous ses yeux la statue de celle qu'il avait tant aimée, et il s'y ajoute le charme de cette poétique et lamentable histoire que Camões a racontée dans ses plus beaux vers.

Le baron Taylor s'exprimait ainsi au sujet de ces tombeaux dans son *Voyage pittoresque en Espagne et en Portugal* : « Nous rappellerons seulement le sort du tombeau d'Ignez de Castro dont la destinée a été d'être plusieurs fois violé : une première fois par son époux

lui-même ; la seconde fois à l'époque de la guerre de l'indépendance
par des soldats cupides qui croyaient y trouver un riche trésor ; enfin
une dernière fois pendant la révolution qui a placé sur le trône la
souveraine actuelle du Portugal (Dona Maria II), et pour le même
motif. A l'époque où nous visitâmes Alcobaça les traces de cette hor-
rible profanation étaient encore visibles. Plaise au ciel qu'enfin la
malheureuse Ignez puisse reposer en paix dans sa tombe ! » Nous
venons de dire que le souhait du baron Taylor a été heureusement
exaucé. D. Manoel fit construire la sacristie et le « santuario » plein
de reliquaires aujourd'hui vides.

Jean V agrandit encore au xviiie siècle, le couvent d'Alcobaça qui
devait compter neuf cent quatre-vingt-dix-neuf-moines. Il n'y a pas
moins de cinq vastes cloîtres dont trois sont aujourd'hui occupés par
un régiment de cavalerie ainsi que la fastueuse bibliothèque de Jean V
et la cuisine dont la cheminée est large comme une vaste chambre
et haute comme une maison.

Alcobaça aurait besoin d'intelligentes réparations ; il faut avouer
que nos troupes l'ont horriblement dévasté en 1809 ; Wellington aurait retrouvé l'ordre de l'incendier signé par Masséna. *Infandum bel-
lum !*

4. Jean V fit vœu, s'il avait un héritier, de construire un couvent
magnifique pour l'ordre religieux le plus pauvre de son royaume.
C'est l'origine des folies qu'il accomplit à Mafra où il éleva d'immen-
ses constructions comprenant une église, un palais, un couvent et
une caserne, le tout réuni dans un vaste rectangle de 220 mètres de
long sur 210 mètres de large. La façade regarde la mer distante de
3 kilomètres environ. C'est le Versailles et l'Escurial du Portugal :
Jean V y enfouit tout l'or qu'il tira du Brésil, et, à sa mort, laissa le
trésor à sec. Il y dépensa environ 40 millions de francs, somme
énorme pour l'époque (1717 à 1730).

La moyenne du nombre des ouvriers qui y travaillèrent simultané-
ment et sans arrêt est de quatorze mille ; à la fin des travaux il en
employa jusqu'à quarante-cinq mille. Les toits sont plats et forment
une terrasse sur laquelle on dit que dix mille hommes pourraient
être passés en revue. Il y a huit cent soixante-dix chambres dont
trois cents cellules de moines, cinq mille deux cents portes et fenêtres. L'effet général ne manque pas de grandeur. Sculptures, cloches,
carillons, grilles, lampes de bronze, statues, bas-reliefs, tout y est à
profusion et tout y tombe en ruines, car ce serait une folie de songer
à entretenir ce monument qui ne peut être utilisé.

L'architecte, Lodovisi, était un Allemand. Les statues sont de Giusti,

un Italien qui fit école en Portugal sous le roi D. Joseph, après 1750.
On deviendrait facilement révolutionnaire en voyant tout le mal qu'un
roi fastueux, dévot, prodigue et libertin tout à la fois, comme Jean V,
peut faire à son pays.

ÉVORA

1. Évora est la capitale de la province d'Alemtejo (au delà du Tage),
l'ancienne *Ebora* que les Romains appelaient aussi *Liberalitas Julia*.
Elle contient le *temple de Diane* qui est le monument romain le mieux
conservé de toute la péninsule. Ses colonnes corinthiennes en calcaire
gris à seize cannelures paraissent frêles et disgracieuses, probablement parce que le nombre de ces cannelures est inférieur à celui
qu'on rencontre dans les monuments grecs de la bonne époque. Les
chapiteaux sont en marbre finement sculpté.

2. A la porte d'Évora Jean II a érigé en 1482, à la suite d'une peste
qui avait désolé la contrée, une curieuse église avec des murailles
crénelées, sous le vocable de saint Braz, dans le style gothique, avec
des réminiscences de style arabe, qui prouvent la persistance de l'influence des Maures dans ce pays.

3. Je me réfère à l'Appendice II, en ce qui concerne le triptyque
émaillé de la Bibliothèque d'Évora.

4. On conserve également à cette bibliothèque l'étendard du tribunal de l'Inquisition (tribunal du Saint-Office) de la province d'Évora
« a bandeira do Santo Officio », en soie écarlate mesurant 3^m,60 de
hauteur sur 2^m,20 de largeur, avec des armes brodées en or au milieu. Il est entouré des mots : *Exsurge Domine causam tuam judica.*
M. A. F. Barata, conservateur de la Bibliothèque d'Évora, m'a
envoyé la copie d'une note portugaise collée sur la glace de la vi-
trine contenant cet étendard, dont voici la traduction et dont on
trouvera le texte en note au bas de cette page[1] :

« Liste incomplète des personnes qui, au nom du Christ et sous les
plis de cet étendard, ont pris part aux autodafés du Saint-Office de
l'Inquisition de cette ville, de l'an 1543 à l'an 1767, avec indication

---

1. « Nota incompleta das pessoas que, em nome de Christo e á sombra d'este
pendão, sairam nos autos da fé do Santo Officio da Inquisição d'esta cidade,
desde 1533 até 1767, com indicação dos relaxados em carne (queimados), dos
queimados em estatua, ou por mortos nos-carceres ou por ausentes, com

de ceux qui ont été condamnés corporellement (brûlés), de ceux q
furent brûlés en effigie, de ceux qui sont morts en prison, en exil, (
dans d'autres circonstances, le tout tiré des documents réunis p
Diogo Barbosa Machado sous le n° $\frac{C\ VI}{1-37}$ du Catalogue de la Bibli
thèque publique d'Evora :

Individus de l'un et de l'autre sexe condamnés à des peines divers
    autres que la mort 79

Individus condamnés corporellement (brûlés). $\left\{ \begin{matrix} \text{hommes. } 183 \\ \text{femmes. } 189 \end{matrix} \right\}$ 3

Condamnés à être brûlés en effigie . . . $\left\{ \begin{matrix} \text{hommes. } 103 \\ \text{femmes. } 33 \end{matrix} \right\}$ 1

Condamnés au feu? (afogueados) . . . .
Individus dont on a déterré les os pour les brûler . . . .
Détenus morts en prison avant jugement. . . . . . .
Individus arrêtés à Béja en un seul jour . . . .

                         TOTAL. 85

« Dans ce nombre figurent des frères convers, des religieuses, d
religieux, des médecins, chirurgiens, apothicaires, avocats, étudiant
musiciens, maîtres d'école, tabellions, des militaires et un bou
reau. »

outras curiosidades, tirada das relações reunidas por Diogo Barbosa Macha
no codice $\frac{C VI}{1-37}$ d'esta Bibliotheca.

De ambos os sexos, saidos com varias penas. 7921
Relaxados em carne. . $\left\{ \begin{matrix} \text{homens . . . . } 183 \\ \text{mulheres. . . . . } 189 \end{matrix} \right.$
Relaxados em estatua. $\left\{ \begin{matrix} \text{homens . . . . } 103 \\ \text{mulheres. . . . . } 33 \end{matrix} \right.$
Afogueados (?) 4
Desenterrados e queimados seus ossos 2
Recebidos (os que depois de mortos nos carceres podiam ter
    suffragios). 19
Presos em Beja, em um dia 87

                                     8541

« Entraram neste numero frades, freiras, padres, medicos, cirurgiães, botic
rios, advogados, estudantes, musicos, mestres de primeiras letras, tabelliã
militares e um carrasco. »

BÉJA ET FARO

1. Béja, l'ancienne *Pax Julia*, est située sur une éminence, au milieu des vastes plaines sans arbres de la province d'Alemtejo. Il reste de son château construit par le roi Diniz à la fin du XIII⁰ siècle, un magnifique donjon qui rappelle les plus beaux monuments d'architecture militaire construits en France à la même époque.

La religieuse portugaise qui écrivit au comte de Chamillard, alors officier au service de son pays, les lettres passionnées qui ont été publiées chez Barbin, libraire, en l'année 1669, et dont M. Luciano Cordeiro a donné cette année une édition portugaise sous le titre : *A Freira Portugueza Soror Marianna*, était cloîtrée dans le couvent de Béja de « Nossa Senhora da Conçeição ». Il ne reste plus qu'une seule religieuse dans ce couvent.

A 60 kilomètres au sud-est de Béja, se trouve la petite ville de Mertola, l'ancienne *Myrtilis* des Itinéraires et de Pomponius Mela, sur la rive droite de la Guadiana. C'était une des trois villes de la Lusitanie qui jouissaient du droit latin : « Oppida veteris Latii : Ebora quod item Liberalitas Julia, et Myrtilis ac Salacia. » Pline, *H. N.*, liv. IV, chap. XXII.

Dans l'hiver de 1876, une inondation de la Guadiana mit à nu sur ses rives, dans la région de Mertola, un certain nombre de ruines et d'anciens édifices que M. Estaçio da Veiga, écrivain élégant et savant archéologue, fut chargé par le gouvernement portugais d'étudier au point de vue historique et archéologique.

Il a rendu compte de sa mission dans un mémoire, *Memoria das Antiguidades de Mértola observadas em 1877*, où il a examiné les traces peu importantes laissées dans cette contrée par les Romains, les Wisigoths et les Arabes. Il regrette que les ressources dont il disposait ne lui aient pas permis de faire des fouilles : aussi sa moisson archéologique n'a-t-elle pas été abondante.

Il a découvert dans une ruine romaine, outre quelques monnaies, une fort jolie mosaïque représentant une tortue, et a expédié à Lisbonne un certain nombre de caisses pleines d'inscriptions, dont quelques-unes se sont perdues dans le trajet et n'ont pu être retrouvées.

3. Pour aller de Béja à Faro, le chemin de fer passe à la station d'Aljustrel où les Romains exploitaient une mine et où l'on a trouvé la table de bronze conservée au Musée géologique et d'archéologie

préhistorique de Lisbonne (v. *suprà*). On traverse également
plaines d'Ourique où le roi Affonso Henriquez battit cinq rois ara]
en 1137.

Les tremblements de terre, aidés par l'incurie, l'intolérance el
méchanceté des hommes, ont détruit les monuments de Faro,
capitale de l'Algarve.

M. Estaçio da Veiga a fait graver une précieuse carte archéologic
de l'Algarve, que je joins à ce rapport ainsi que des dessins de n
saïques qu'il a découvertes dans les ruines romaines d'Ossonoba,
moderne Estoy, à 8 kilomètres de Faro.

II

ESPAGNE

MÉRIDA

C'est l'*Emerita Augusta* des Romains, dont on retrouve le nom dans celui de la ville moderne, et dont il nous reste de si belles monnaies. Ancienne capitale de la Lusitanie et l'une des plus importantes colonies romaines de la péninsule, elle a adopté l'orgueilleuse devise : *Emerita Augusta submittit cui tota suos Hispania fasces.*

On y rencontre les plus belles ruines antiques de la péninsule, bien qu'elle n'ait plus aujourd'hui qu'environ six mille âmes. Superbe pont romain sur la Guadania, souvent refait ou réparé, mais conservant encore le caractère de son architecture primitive : il a quatre-vingts arches et plus de 700 mètres de longueur. Restes d'un grand arc de triomphe élevé par Trajan. — Temple antique périptère transformé en maison moderne ; il en reste une douzaine de colonnes qu'il serait facile d'isoler, comme on l'a fait en 1870 au temple de Diane à Évora. — Théâtre antique dont il subsiste presque tout l'hémicycle que les habitants appellent « Las siete Sillas », les sept sièges, à cause de la disparition des *vomitoria*. — Il y a des traces d'un amphithéâtre. — Tronçons d'aqueducs de 25 mètres de hauteur, appelés dans le pays « Los Milagros », les merveilles. — Vaste forteresse avec tours plongeant leurs pieds dans la Guadiana : elle a dû être transformée et utilisée par les Arabes. — Très belle citerne romaine que les guides disent être un bain ? On y descend par un long escalier voûté.

Ces ruines sont vraiment imposantes et il faudrait peu de chose pour les dégager et leur donner plus d'importance ; mais il n'y a rien d'aussi beau, d'aussi complet et d'aussi bien conservé que la Maison Carrée de Nîmes.

La restitution de toutes les ruines romaines de Mérida est un travail qui pourrait tenter un architecte de la villa Médicis, maintenant qu'en élargissant le règlement on a permis aux pensionnaires de l'Académie de France de faire des restaurations en dehors de la Grèce et de l'Italie, et alors que le nombre des monuments antiques qui n'ont pas encore été restaurés diminue de jour en jour.

CÁDIZ

Jusque dans ces dernières années, cette ville, fondée par les Phéniciens, n'avait révélé aucun monument remontant à leur civilisation, lorsque, le 1ᵉʳ juin 1887, en faisant des fouilles pour édifier les bâtiments de l'Exposition maritime de Cadix, à la Punta de la Vaca, sur le promontoire étroit qui relie la ville à la terre ferme, on découvrit, à 2ᵐ,50 au-dessous du sol, un beau sarcophage anthropoïde qui fut pris tout d'abord pour un monument romain. M. le comte de Laigue, consul général de France à Cadix et associé correspondant de la Société des Antiquaires de France, s'aperçut de la méprise aussitôt qu'il se trouva en présence de ce monument sur lequel il a fait une communication à la séance de la Société des Antiquaires du 2 avril 1890.

L'œuvre est en bon état ; elle a une étroite parenté avec certains des sarcophages trouvés par M. E. Renan dans sa mission de Phénicie et conservés au Musée du Louvre. La tête, couverte d'une épaisse chevelure a une expression grave et noble ; les yeux sont fermés, une longue barbe frisée descend sur la poitrine ; les bras et l'extrémité des pieds sont d'un relief fin et élégant ; le bras droit est étendu le long du corps et le gauche replié sur la poitrine, la main tenant un objet difficile à préciser, mais qui paraît être un fruit.

Il semble que l'art phénicien ait été adouci et affiné par une influence hellénique : aussi, l'illustre académicien auquel j'ai montré la médiocre gravure insérée dans le *Bulletin des Antiquaires de France* n'hésite-t-il pas à placer ce monument à une époque assez basse, au IVᵉ ou au IIIᵉ siècle avant J.-C. C'est probablement le tombeau d'un fonctionnaire ou d'un riche négociant carthaginois sur lequel on a malheureusement négligé de graver une inscription.

Je ne m'éloignerai pas beaucoup du champ de la mission qui m'a été conférée en franchissant le détroit de Gibraltar et en constatant que les arcades de la cour intérieure du palais du gouverneur de

Tanger « la Kasbah », sont supportées par des colonnes à chapiteaux corinthiens qui paraissent avoir été empruntées à un monument romain. Les plafonds des salles de ce palais présentent des stalactites fort élégantes et très finement fouillées qui me font supposer qu'ils sont contemporains du palais de l'Alhambra (XIV⁰ siècle).

GRENADE ET CORDOUE

Tout a été dit et écrit sur l'Alhambra de Grenade et sur la mosquée de Cordoue : rappelons cependant d'un mot l'impression causée par ces monuments que je n'avais pas vus depuis plus de vingt ans, et étudions les peintures qui décorent la salle de la « Justice » dans le palais des rois de Grenade.

1. Le petit palais arabe du « Generalife » domine l'Alhambra; il est entouré de jardins; on y a une vue superbe sur la sierra Nevada, dont le pic le plus élevé atteint plus de 3,5oo mètres, sur le palais de l'Alhambra qui apparaît comme une forteresse ceinte de tours et de murailles, et sur la « Vega », la plaine fertile entourée de montagnes, qui s'étend au pied de Grenade; le Daro et le Genil arrosent cette plaine et y entretiennent la fécondité.

Le palais de l'Alhambra, formidable à l'extérieur, offre à l'intérieur les plus douces surprises : ce ne sont que des cours (patios) rafraîchies par des fontaines, des salles lambrissées de marbres ajourés, des plafonds soutenant de frêles stalactites, des fenêtres étroites ouvertes sur les plus beaux horizons, des alcôves mystérieuses faites pour inspirer la volupté. Comme l'a dit M. Raphaël Contreras, « la maison de l'Arabe reflète sa propre vie, celle de son maître, laisse deviner ses désirs et se ressent de sa lascivité ».

L'Alhambra, comme le Parthénon, est construite sur une colline élevée, couverte de temples et de palais, et où habitait encore, en 1625, une population de plus de six mille habitants. C'est une véritable acropole d'où les rois de Grenade dominaient leurs sujets qui se pressaient à leurs pieds.

Dans le petit musée de l'Alhambra se trouve le précieux vase arabe du XIV⁰ siècle, le plus grand qui subsiste actuellement, que M. Charles Davilliers a décrit dans ses *Vases hispano-moresques*.

L'Alhambra fut construite, comme tous les édifices classiques de l'antiquité, à cette époque culminante où commence pour les peuples

la décadence qui aboutira à la ruine. Pourquoi faut-il que la tou:
la Captive et toutes celles qui menaçaient ruines aient été détru
par des soldats français pendant la guerre péninsulaire!

2. On sait que, dans la « salle de la Justice », où l'on suppose
les rois maures réunissaient leur conseil, il existe trois peintures
excitent l'étonnement du visiteur quand il songe aux prescription
la loi de Mahomet interdisant la reproduction de la figure huma

Des traces d'or et de couleurs jaillissent de toutes parts, et tou:
ornements de la salle en conservent plus ou moins. Ces peintures
ment trois panneaux dont l'un représente le roi entouré de ses c
seillers et les deux autres une histoire d'amour compliquée d'épisc
de chasse et d'un combat entre un chevalier maure et un cheva
chrétien. Les costumes sont ceux de la dernière moitié du xive siè

Y doit-on voir l'œuvre d'un chrétien captif ou d'un artiste n
sulman? M. R. Contreras, conservateur du palais de l'Alhambra, c
son *Ligero Estudio sobre las pinturas de la Alhambra*, n'hésite
à les attribuer à un artiste arabe, et il en donne des raisons qui
raissent décisives.

Ces peintures représentent avec plus d'exactitude les costu
arabes que les costumes européens, et l'artiste connaissait mieux
monuments byzantins de Constantinople que ceux de l'Europe cl
tienne.

Il semble avoir été formé à une école gréco-byzantine, et les j
cédés qu'il a employés sont ceux de la peinture grecque, telle qu'c
pratique encore aujourd'hui en Russie et au Mont-Athos.

Sur un panneau de « peralejo », espèce de peuplier blanc d
région de Grenade, de 7 centimètres d'épaisseur, on a collé
cloué une bande de cuir recouverte d'une couche de plâtre de 2
limètres peinte en rouge, sur laquelle l'esquisse a été tracée :
pointe.

Les parties destinées à être dorées recevaient une couche de pl
plus épaisse pour conserver l'empreinte du moule : quelques chi
destinés à faciliter le travail de l'artiste offrent la forme adoptée
les Arabes.

Les peintures, du milieu du xive siècle, ne furent mises en p
qu'après la construction de la « cour des Lions » sur laquelle s'o
la « salle de la Justice ».

Un auteur arabe, Ibn Khaldoun, venu en Espagne en 1363, dé
rait de rencontrer à Grenade des portraits et des tableaux repré
tant des aventures romanesques qui ornaient les murs des p:
royaux et les maisons des citoyens : il ne dit pas que ces tablc

étaient faits par des chrétiens; on en peut conclure que la peinture était cultivée à Grenade au xiv° siècle par des artistes musulmans, et que c'est à eux que sont dues les œuvres dont nous venons de parler.

3. La mosquée de Cordoue est le plus beau monument d'Espagne et l'un des plus beaux du monde. Elle a été malheureusement défigurée par les rois espagnols quand ils en ont fait une église chrétienne. La chapelle que Charles-Quint installa au milieu de la mosquée serait remarquable partout ailleurs; ici, elle ne fait que rehausser le mérite du chef-d'œuvre de l'architecture arabe.

Qu'il devait être beau, lorsque ses colonnes, au nombre de plus de mille, étaient au complet, avec son toit en bois de mélèze fouillé et ajouré, ses lampes innombrables, alors qu'il ne recevait la lumière du jour que du côté de la cour des Orangers où les musulmans faisaient leurs ablutions!

Quelle élégance, quelle richesse, quelle harmonie dans la décoration du mihrab, dans ses mosaïques, ses inscriptions, ses marbres finement sculptés! Et ce monument a été construit à une époque où le reste de l'Europe était plongé dans les ténèbres les plus épaisses du moyen âge!

Son plan est celui de la mosquée d'Amrou au Caire et de celle de Kairouan.

Je suis surpris qu'aucun architecte pensionnaire de l'Académie de France à Rome n'en ait encore essayé la restitution dans l'état où il s'est trouvé après les trois périodes successives de sa construction : à la fin du viii°, au x° et au xi° siècles : c'est une belle restauration à faire.

Il en serait de même de l'Alhambra qu'on devrait restituer telle qu'elle fut au milieu du xv° siècle. Cela serait plus difficile que pour la mosquée de Cordoue, parce que beaucoup d'édifices qui se trouvaient dans l'enceinte fortifiée de l'Alhambra ont complètement disparu.

Les travaux de MM. Alexandre de la Borde, Owen Jones, Girault de Prangey, Amador de los Rios (dans les *Monumentos arquitectonicos de España*) et Raphaël Contreras ne sont pas de nature à décourager les architectes qui entreprendraient cette restauration, car, aucun de ces écrivains et de ces artistes n'a fait un travail d'ensemble équivalant à une restitution. Ils ont réuni des documents, des plans et des dessins qui pourraient être utilisés sans que le travail du restaurateur cessât d'être nouveau et original.

Il y a une distance de plus de cinq siècles entre la mosquée de Cordoue et le palais de l'Alhambra : l'art de Cordoue est plus sévère et plus noble, celui de Grenade plus sensuel et plus délicat. La mos-

quée de Cordoue est un des monuments les plus anciens de l'Euro
et, si on ne l'avait pas défigurée, il est probable qu'elle serait enc
dans un état de conservation parfaite, sauf les plafonds en bois qu
aurait fallu remplacer.

La solidité et la durée figurent au nombre des principales quali
des monuments élevés par la main des hommes : il est rare que l'
chitecte qui emploie les plus beaux matériaux et qui construit po
des siècles, n'exécute pas une œuvre dont le plan et la valeur ar
tique soient considérables.

Les Arabes d'Espagne ont construit avec plus de solidité que ce
d'Égypte, de Syrie et de la côte septentrionale de l'Afrique, cai
l'exception de la mosquée de Damas qui emprunta à des monume
antiques et à une basilique chrétienne des colonnes de dimensi
colossales, on ne trouve pas dans les autres pays un monument ar
qui ait aussi bien supporté les injures du temps que la mosquée
Cordoue.

LES MINES D'ALMADEN

1. Il y a des mines de mercure à Idria près de Trieste, en Ita
près de Livourne, en Californie, dans les Asturies, mais la plus
cienne et la plus riche est celle d'Almaden. La petite ville de ce n
qui compte huit mille habitants est située sur les confins de l'Est
madure, de la Manche et de l'Andalousie, à 12 kilomètres de la stat
d'Almadenejos, sur la ligne de Ciudad-Real à Badajoz. Elle occup
versant septentrional de la sierra Morena, dans une contrée m
tueuse et peu fertile.

Quand on y vient par la ligne de Cordoue on traverse le petit 1
sin houiller dont Belmez est le centre. Il est fort riche, et le char
se trouve à fleur de terre, mais son exploitation ne sera fructue
que lorsqu'on aura créé des voies d'accès qui font actuellement déf

En arrivant à Almaden par Ciudad-Real on traverse les plaines
la Manche, vallonnées, nues, sans arbres ni habitants, où Cervai
a fait errer le Chevalier à la triste figure.

L'ancienne *Sisapona Cetobrix* dont parle Pline et d'où venai
cinabre (vermillon) avec lequel les dames romaines rehaussa
l'éclat de leur teint n'a pu être identifiée ; il est vraisemblable qu'
était dans le voisinage d'Almaden, mais, dans cette dernière m
on n'a trouvé aucune trace d'exploitation romaine.

Le nom même d'Almaden qui signifie « la mine » indique une origine arabe, et il est probable que c'est là que le calife de Cordoue Abd-ur-Rahman trouvait, au x° siècle, le vif-argent qui remplissait le bassin de porphyre ornant la salle principale de sa villa de « Medina Azzahra ».

2. Cette mine est aujourd'hui l'une des plus précieuses ressources du gouvernement espagnol qui l'exploite lui-même et en tire annuellement un revenu net d'environ 8 millions et demi de francs. Il est vrai qu'il a dû affecter la plus grande partie du produit de cette mine à la garantie d'un prêt de 40 millions de francs qui lui a été fait par la maison de Rothschild il y a quelques années. Dans neuf ans le prêt sera remboursé et les effets de cette garantie auront cessé.

La mine a onze étages d'une profondeur totale de 315 mètres ; les cinq supérieurs sont abandonnés et l'exploitation ne commence qu'au sixième. Plus on descend et plus le minerai est abondant ; les filons s'élargissent et, tandis que la galerie du sixième étage n'a qu'un développement de 120 mètres, celle du onzième s'étend sur 220 mètres de longueur et 50 mètres de largeur. Tous les vides formés par l'enlèvement du minerai ont été remplacés par des massifs de maçonnerie.

La galerie centrale est large et spacieuse ; les transports s'y font sur de petits chariots mus à bras d'hommes, la surface de la mine n'étant pas assez considérable pour nécessiter le transport par des chevaux.

Huit cents ouvriers sont employés nuit et jour ; ils ne travaillent pas plus de six heures par jour en deux fois.

3. Le minerai est du cinabre ou sulfure de mercure qu'on traite par le grillage dans des fours analogues à nos fours à chaux. L'acide sulfureux s'échappe à l'air libre, tandis que les vapeurs mercurielles se condensent en traversant des tuyaux en poterie ou des chambres froides. Le précieux métal est conservé dans des caisses métalliques et on l'expédie dans des bouteilles cylindriques en fer de la contenance de 3 arrobes et du poids de 40 kilogrammes.

On n'a à redouter ni les inondations ni le grisou qui causent tant d'accidents dans les mines de charbon de terre, et cependant le danger, pour être d'une autre nature, n'en est pas moins grave. Quand on entre dans la mine on y jouit d'une apparente sécurité. La température, grâce à la dimension des galeries, est d'environ 20° à 300 mètres de profondeur et on ne se trouve incommodé par aucune émanation désagréable ; mais, ce n'est là qu'une fausse sécurité.

Le minerai contient des parcelles de mercure à l'état liquide qui dégagent constamment des vapeurs, et, au bout de peu de temps, commence à sentir les effets de cet empoisonnement, si bien qu'ap deux ou trois mois de travail consécutif les ouvriers sont obligés cesser de descendre dans la mine pendant un temps d'une égale dur

Chez un certain nombre d'entre eux, l'insalivation mercurielle fait sentir : leurs gencives s'amollissent, les dents tombent et ils s atteints de paralysie et de tremblements nerveux qui ne leur perm tent pas de porter les aliments à leur bouche. Il faut ajouter que moindre abus des liqueurs alcooliques aggrave immédiatement le état.

Contre ce mal il n'y a pas de spécifique connu ; il cesse en fais cesser la cause qui l'a produit et en suivant des règles hygiéniqu dont la première est de respirer l'air pur des champs.

Fort heureusement, grâce à toutes les précautions qui ont été pris ce genre de travail auquel on n'employait jadis que les condamn fait aujourd'hui peu de victimes, ainsi que j'ai pu m'en convaincre visitant l'hospice d'Almaden, et la durée de la vie humaine ne par pas y être plus courte que dans les contrées salubres.

Pour combattre ce fléau, le gouvernement espagnol a concédé a mineurs des terrains qui leur permettent de faire alterner les trava agricoles avec ceux de la mine : il a en outre édicté en leur fav certaines immunités, les dispensant notamment du service militai

Il pourrait faire plus et mieux en employant une plus grande p tie des revenus de la mine à faire des travaux de ventilation et d' rage qui auraient pour effet de l'assainir.

TOLÈDE, SÉGOVIE, ÁLCALÁ DE HENARÈS.

1. Les monuments arabes de Tolède sont moins importants c ceux de Cordoue et de Grenade. On voit que les Arabes y ont séjou moins longtemps que dans ces dernières villes.

La Puerta del Sol est de style primitif très pur. Signalons enc l'ancienne petite mosquée du ixe siècle, bien conservée, dever l'église du « Christo de la Luz » où Alphonse VI entendit sa premi messe lorsqu'il reconquit Tolède en 1085.

Deux anciennes synagogues, « El Tránsito » et « Santa Maria Blanca », construites dans le style arabe au xive siècle, attesten richesse des juifs et leur goût éclairé des beaux-arts, ainsi que

)lérance des populations chrétiennes au milieu desquelles ils vi-
·aient.

La « casa de la Mesa » contient une vaste salle dans le style arabe
ivil (mudejar) du xive siècle.

La nef de l'église de « San Juan de los Reyes » construite par les
ois Catholiques Ferdinand et Isabelle à la fin du xve siècle, est belle,
nais l'ornementation est trop chargée et la pierre de mauvaise qua-
ité. On a attaché à la muraille extérieure du chœur les fers des pri-
onniers chrétiens délivrés à Málaga.

2. Madrid est à 600 mètres au-dessus du niveau de la mer et Sé-
,ovie à 1,000 mètres. Le chemin de fer traverse la Sierra du Guadar-
ama, au pied de laquelle se trouve le palais de l'Escorial qu'on aper-
.oit en quittant la station de Villalba. Le 3 avril 1891, il y avait encore,
lans la sierra, des plaques de neige à 100 mètres du train.

La cathédrale de Ségovie, un des derniers monuments gothiques
l'Espagne, est du xvie siècle. Haute tour ; le style est trop fleuri pour
ne plaire.

L'Alcazar, château féodal qui a remplacé une forteresse arabe, est
 situé sur une sorte d'éperon qui s'élève presque à pic au-dessus de
leux cours d'eau. Il a été reconstruit il y a quelques années à la
:uite d'un incendie. Du haut du donjon la vue s'étend sur les mon-
agnes au pied desquelles se trouve le château de la Grange (la
Granja), construit par notre Philippe V, à une dizaine de kilomètres
le Ségovie : il n'est habitable qu'en été, car on y a six mois d'un
·ude hiver et trois mois d'automne.

Il y a à Ségovie un magnifique aqueduc romain, probablement du
lébut du iie siècle de notre ère, construit en grand appareil sans ci-
nent : il a résisté aux atteintes du temps et des hommes et est encore
ujourd'hui utilisé.

3. Alcalá de Henarès est la patrie de Cervantès (1547-1616) : on a
'ait disparaître sur sa maison la plaque qui rappelait sa naissance.
'aime à croire qu'elle sera remise en place.

Le cardinal Jimenez de Cisneros (1436-1517), archevêque de Tolède, grand inquisiteur d'Espagne et ancien ministre des rois Catholiques, est également né à Alcalá. Il y fonda une Université célèbre qui
comptait onze mille étudiants lorsque François Ier la visita durant sa
captivité : elle a été depuis transportée à Madrid. Il n'en reste qu'un
grand édifice des xve et xvie siècles avec trois cours à arcades et le
« Paranympho », vaste salle de soutenance de thèses, dont le plafond
à compartiments est fort beau. Dans la cathédrale se trouve le tombeau du grand cardinal.

L'archevêché, construit sur l'emplacement d'un ancien alca
arabe, contient l' « Archivo general » où l'on conserve les dossiers
tribunal de l'Inquisition des provinces de Tolède et de Valence. S
ces dossiers, répartis entre diverses catégories d'accusés, telles qu
Juifs, Hérétiques, Luthériens, Sorciers, etc., je lis le mot : « Soli
tantes ». On m'ouvre quelques-uns de ces dossiers, et je vois qu
désignait ainsi les religieux qui abusaient des facilités que leur
frait la confession pour adresser à leurs pénitentes des « sollici
tions » malhonnêtes. Cela leur valait en général l'exil, ou plutôt
loignement de Tolède ou de Valence pendant dix ou vingt ans, a
interdiction de confesser de nouveau.

Dans ce palais archiépiscopal on remarque une cour avec arcad
un escalier et des plafonds de style mudejar ou arabisant.

4. Je ne veux mentionner à Madrid que les beaux manuscrits
XIe siècle de *Santos* conservés à la Bibliothèque nationale.

Ils contiennent des commentaires de l'Apocalypse avec des ors
des couleurs très vives fort bien conservées. Ces miniatures représe
tent comme fonds de tableau des monuments construits en ogives
arcs outre-passés avec décorations à dessins géométriques de sty
arabe, qui prouvent que l'auteur vivait au milieu des musulmans.

Veuillez agréer, Monsieur le Ministre, etc...

A. BOUTROUE.

Paris, le 30 novembre 1891.

APPENDICES

APPENDICE I[1]

LES BAS-RELIEFS DE M. LE DUC DE LOULÉ

Au Musée de sculpture comparée du palais du Trocadéro figurent les moulages de deux bas-reliefs en marbre, de 0ᵐ,76 sur 1ᵐ,45, appartenant au duc de Loulé et catalogués sous les nᵒˢ 610 et 611, avec l'indication qu'ils ont été trouvés à Herculanum et qu'ils représentent des *Quadriges dits de l'Hercule Mélampyge*.

Les musées des « Gipsabgüsse » de Bonn et de Berlin possèdent le moulage d'un de ces bas-reliefs, et l'édition de 1885 du Catalogue de ce dernier Musée le désigne ainsi :

« Nᵒ 1838. Un conducteur de char. Bas-relief en marbre, soi-disant (*angeblich*) trouvé à Herculanum, aujourd'hui en la possession du duc de Loulé en Portugal. Il existe également un conducteur de char vêtu d'une longue robe sur la frise du Parthénon, mais le sens de la figure qui précède le char dans ce bas-relief nous échappe. On pourrait le prendre pour un apobate analogue à l'adolescent dont nous avons parlé sous le nᵒ 1836, mais ces apobates avaient l'habitude d'être munis de leurs armes (*pflegten gerüstet zu sein*). Au surplus, l'authenticité (*der antike Ursprung*) de ce bas-relief n'est pas tout à fait certaine (*steht durchaus nicht fest*). »

Ces moulages ont été reproduits en bronze par la maison Barbedienne à une échelle réduite, et M. Charles Yriarte, qui a vu les originaux à l'Exposition rétrospective de Lisbonne de 1882, en parle dans les termes suivants dans la *Gazette des Beaux-Arts* au tome XXV, p. 556 :

« Les deux admirables bas-reliefs grecs exposés par le duc de Loulé étaient là, dressés contre la muraille, dans une salle pleine de trésors du Moyen Age et de la Renaissance, au milieu des émaux bril-

---

1. Le 1ᵉʳ juillet 1891 M. Boutroue a fait sur ces monuments une communication à la *Société des antiquaires de France* qui se trouve reproduite dans le *Bulletin* de cette Société, p. 191-196.

lants, des reliquaires d'or et des triptyques de vermeil, superbes dar
leur nudité marmoréenne, parlant un tel langage à l'imaginatio
qu'on oubliait pour eux tout ce qui les entourait. On dit qu'ils or
été apportés de Pompéi, mais, comment croire, en face de ces *cou:*
siers dont on croit entendre les hennissements sonores et qui rappe
lent si bien la tête de cheval du British Museum, qu'un des conqué
rants, un Mummius, un Sylla, ne les ait pas enlevés aux vaincus de
rives de la Grèce? »

Les originaux ont été déposés au Musée de Lisbonne par leur pro
priétaire, qui, en m'offrant les photographies de ses bas-reliefs repro
duites dans les héliogravures ci-jointes, m'a déclaré qu'ils étaient dar
sa famille depuis plus d'un siècle, mais qu'il ne possédait aucun docu
ment permettant d'en établir l'origine. Il a ajouté qu'un de ses ance
tres, le marquis de Marialva, était ambassadeur du Portugal aupré
de la cour de Naples en 1775, c'est-à-dire à une époque voisine d
celle où a été foré à Résina le puits qui a amené la découverte foi
tuite de la ville d'Herculanum.

En présence de ces monuments, diverses questions se posent rela
viment à leur authenticité, leur origine, leur style, leur époque, leu
signification.

Quand on compare les bas-reliefs eux-mêmes, ou même simple
ment les photographies offertes par le duc de Loulé, aux moulages (
aux réductions en bronze qui en ont été faits, on ne peut s'empêche
de constater l'énorme supériorité des originaux. Et cela n'est pas u
fait isolé, il en est de même, à des degrés différents il est vrai, pou
tous les monuments de l'architecture et de la sculpture grecques d
la belle époque. J'en appelle sur ce point à tous ceux qui ont p
comparer l'*Hermès* de Praxitèle conservé au Musée d'Olympie ave
les moulages qu'on en trouve dans les musées.

Malgré tous les efforts employés pour analyser et reproduire ces mc
numents, il semble que leur beauté et leur harmonie résultent d'un
multitude de détails tellement insaisissables que tous les procédés d
reproduction par le dessin, la gravure ou le plâtre restent impui:
sants. Aussi, faut-il pardonner aux rédacteurs du Catalogue de Berli
les doutes qu'ils ont émis sur l'authenticité d'un de ces bas-relie
qu'ils ne connaissaient que par un moulage imparfait; car, s'il
avaient vu les originaux, ou simplement des photographies prise
sur les originaux eux-mêmes, nul doute qu'ils eussent hésité à attr
buer à un faussaire une œuvre qu'aurait pu signer un élève de Phi
dias.

Nous avons, jusqu'à ce moment, parlé de ces œuvres comme s':

était prouvé qu'elles fussent grecques; c'est, qu'en effet, quel que soit leur lieu d'origine, il est impossible de les attribuer à l'art romain.

La beauté du modelé, le mouvement des personnages, leur coiffure, leur costume, la race des chevaux, leurs attitudes, leurs crinières coupées ras comme sur la frise du Parthénon, tout indique que nous sommes en présence d'œuvres grecques.

Quant à leur lieu d'origine, il est fort probable que le marquis de Marialva était présent lorsque ces monuments sortirent des fouilles d'Herculanum et que le roi de Naples les offrit, ainsi qu'il le faisait souvent, à l'ambassadeur d'une puissance à laquelle l'unissaient des liens d'amitié.

Il est plus difficile de déterminer la signification des scènes représentées. Observons d'abord que les deux bas-reliefs semblent être symétriques, que les sujets correspondent l'un à l'autre, et, chose rare dans l'antiquité, que nous sommes en présence de *pendants*. Représentent-ils les « Quadriges de l'Hercule Mélampyge », comme le dit le Catalogue de notre musée de sculpture comparée? Devons-nous y voir une scène d'introduction d'un dieu et d'une déesse dans le séjour des immortels, une sorte d'apothéose comme celles qui sont si souvent reproduites sur les vases peints? ou sommes-nous en présence de deux sujets mythologiques, par exemple « Hélios et Séléné », ainsi que me le suggère un de nos plus éminents archéologues? ou bien, malgré les réserves du Catalogue de Berlin, s'agit-il d'une course d'apobates? C'est ce que nous allons examiner en commençant par la première hypothèse.

Cela nous amène à rechercher ce qu'était l'Hercule Mélampyge, et ici je ne puis mieux faire que de rappeler ce qu'en dit Larcher dans une note sur Hérodote (liv. VII, 216).

« Théa, fille de l'Océan, eut deux fils (les Cercopes) qui insultaient les passants. Leur mère leur conseilla de ne faire tort à personne, de crainte de tomber entre les mains de quelque homme aux fesses noires (de quelque mélampyge) et d'être punis de leur insolence. Hercule les ayant un jour rencontrés les lia ensemble par les pieds et les chargea ensuite sur ses épaules, la tête en bas, et au-dessous de la peau du lion. Ces deux frères ayant remarqué qu'Hercule avait les fesses velues se rappelèrent ce que leur avait dit leur mère et firent des éclats de rire. Hercule ayant appris le sujet de leurs ris les détacha et les laissa aller ». V. conf. Preller, *Griechische Mythologie*, t. II. p. 231.

Des monuments figurés nous ont montré comment les anciens représentaient cette légende qui avait valu à Héraclès le nom de Μελάμπυγος.

Dans le tome II des *Auserlesene Vasenbilder* de Gerhard, à la planche CXX, un vase à figures noires nous montre le héros précédé de Pallas-Athéné et suivi d'Hermès. Il porte sur l'épaule gauche un bâton aux extrémités duquel sont attachés les Cercopes liés par les pieds et ayant par suite la tête en bas.

C'est ainsi que l'Hercule Mélampyge et les Cercopes sont également représentés sur une des métopes du temple le plus ancien de Sélinonte, celui qu'Hittorf a désigné par la lettre C, métope qui est conservée actuellement au Musée de Palerme (v. *Antichità di Sicilia*, par le duc Serradifalco, t. II, pl. XXV).

Il y a loin de cette légende, des faits qui la composent et de la manière employée par les anciens pour la représenter, aux deux quadriges du duc de Loulé : il est donc manifeste que la désignation qui figure au Catalogue du Musée du Trocadéro ne peut être considérée comme exacte.

Il va nous être facile d'établir que nous ne sommes pas davantage en présence d'une apothéose dans le sens antique du mot. Dans ces scènes, en effet, le personnage principal, celui sur lequel se concentre l'intérêt, est le héros qui va être introduit dans la société des immortels ; il est toujours accompagné d'un ou deux dieux ou déesses qui lui font cortège, et l'allure des chevaux est modérée ; or, dans les monuments que nous examinons, c'est le coureur précédant le char qui attire l'attention et qui forme comme le centre du tableau ; le personnage qui conduit le char est isolé et relégué en quelque sorte au second plan ; en outre, l'un des deux chars est emporté dans une allure très vive.

Devons-nous y voir une course d'apobates ? L'article *Desultor* au t. II du *Dictionnaire des Antiquités grecques et latines* de MM. Saglio et Edmond Pottier fait bien connaître ce qu'étaient les apobates qui prenaient place sur le char à côté du cocher, descendaient pendant la course pour faire une partie du trajet à côté des chevaux et remontaient ensuite sur le char pendant qu'il était en marche.

Ces courses étaient particulièrement en honneur à Athènes et figuraient sur le programme des jeux des Panathénées à une place privilégiée, parce que Erichtonios, le héros légendaire d'Athènes, y avait été vainqueur. Un apobate figure au pied de son char dans la frise du Parthénon, et en 1880, on a retrouvé à Athènes un bas-relief qui représente cette course. Il a été publié dans le *Bulletin de Correspondance hellénique*, 1883, t. VII, pl. XVIII, p. 458, avec un excellent article de M. Collignon qui y voit un monument votif attique de la fin du IVe siècle avant J.-C. et d'une facture un peu industrielle.

ui crée une difficulté en ce qui concerne nos bas-reliefs, c'est
s coureurs sont sans armes alors que les textes nous disent
s apobates couraient munis de leurs armes, ainsi qu'on le voit
bas-relief dont il vient d'être parlé.

s cela ne me paraît pas une objection insurmontable, car nous
nnaissons pas le détail ni le règlement de tous les jeux qui
t en faveur chez les Grecs, et rien ne s'oppose à ce que, à une
ne époque, à celle précisément à laquelle ces monuments ont
xécutés, une course d'apobates ait été organisée dans laquelle
ureurs se présentaient sans armes. Je ne propose cette explication
l'entourant des plus expresses réserves, car ces bas-reliefs repré-
nt peut-être simplement des sujets mythologiques dont le sens
ssez difficile à déterminer.

ste la fixation de l'époque à laquelle nous devons les placer. Sont-
ellénistiques ou sont-ils de la belle période de l'art grec?

liberté des mouvements, la franchise des attitudes, la facture,
le de ces œuvres me font adopter la seconde hypothèse, et les
s vêtements dont sont revêtus les conducteurs des chars m'incli-
à les faire remonter à une époque assez haute, à la fin du v⁰ ou au
nencement du iv⁰ siècle avant J.-C.

ı résumé, les bas-reliefs du duc de Loulé trouvés à Herculanum
des monuments attiques de la fin du v⁰ ou du début du iv⁰ siècle
t J.-C. représentant des sujets mythologiques dont le sens est
terminer; ou bien ils rappellent la victoire de deux apobates[1]
des jeux dont le détail ne nous est pas suffisamment connu,
où les concurrents devaient courir sans armes[2].

V. conf. Furtwængler, *Collection Sabouroff*, note 17 relative à la planche
I.

Depuis que ces lignes ont été écrites, M. Th. Homolle, directeur de
le française d'Athènes, a publié dans le *Bulletin de Correspondance hellé-
e de 1892, p. 325-343, un savant article sur *Deux bas-reliefs néo-attiques
usée de Lisbonne*; dont les conclusions sont que ces monuments sont
énistiques et qu'ils doivent être du II⁰ siècle avant J.-C.

APPENDICE II [1]

LE TRIPTYQUE CONSERVÉ A LA BIBLIOTHÈQUE DE LA VILLE D'ÉVORA

Ce triptyque est un émail peint sur cuivre dont les brillantes couleurs sont fort bien conservées. Il se compose d'un panneau central et de deux volets pouvant se replier sur ce panneau et le recouvrir, ainsi qu'on peut le voir sur la planche ci-jointe.

Au centre est représenté le Christ en croix entre les deux larrons au moment où le soldat, dont la légende du moyen âge a fait saint Longin, devient aveugle en lui donnant le coup de lance. Sur le vêtement de ce soldat on lit les mots : *Longis avugle sanct.*

Chacun des deux volets est divisé dans le sens de la hauteur et comprend deux sujets superposés. Celui de gauche représente Pilate au moment où il se lave les mains, et, au-dessous, la rencontre du Christ, tombant sous le poids de la croix, avec sainte Véronique qui va lui essuyer le visage.

Le volet de droite montre Jésus-Christ dans les Limbes au-dessus d'une « sacra conversazione » du Christ et de la Vierge à qui il apparaît couvert de son linceul. La Vierge est agenouillée sur un prie-Dieu au pied duquel l'auteur a écrit : *O mater Dei memento mei.*

Dans le panneau central, les saintes Femmes, saint Jean-Baptiste, saint Longin, saint Joseph d'Arimathie, le centurion à cheval, etc., sont vêtus de riches vêtements du XVIe siècle.

Les personnages ont le type allemand, la composition, les costumes et les accessoires sont également allemands, notamment le vase avec lequel le serviteur verse de l'eau sur les mains de Pilate, qui ressemble à un broc à bière tels que ceux qui sont encore usités en Allemagne. Remarquons cependant que des hermines, qui figuraient dans les armes d'Anne de Bretagne, sont semées sur la robe de sainte Madeleine au pied de la croix.

1. Cet appendice a été publié dans le numéro de la *Gazette des Beaux-Arts* du 1er février 1892, M. Boutrouc a fait une communication sur ce triptyque à la séance de la *Société des antiquaires de France* du 27 avril 1892. V. le *Bulletin* de cette Société, p. 136.

Le triptyque est entouré des mots : *Atendite et videte si est dolor similis sichut dolor meus* gravés sur la monture et coupés et disposés d'une manière qui indique suffisamment que le graveur ne comprenait pas l'inscription qu'il avait été chargé de transcrire :

Cette inscription permet de supposer que nous sommes en présence de la monture originale de ce triptyque qui se trouve encadré de moulures en cuivre sur lesquelles sont rapportés des feuillages estampés.

Sur la boîte renfermant ce monument on lit une inscription latine dont voici la traduction et dont on trouvera le texte littéral au bas de cette page [1].

« Lorsque la ville impériale de Constantinople qu'on appelait la nouvelle Rome fut prise par l'armée des Francs et des Vénitiens, on trouva, parmi les dépouilles les plus précieuses, cette image sacrée de Notre Sauveur qui représente les mystères de sa très sainte et très douloureuse Passion. Elle était dans l'église de Sainte-Sophie, et les Grecs disaient que, suivant une antique tradition, c'était un présent de l'empereur Constantin le Grand. Elle est d'une haute et importante valeur, puisqu'elle est faite d'émail et d'or. Par suite du partage des objets précieux et royaux entre les Francs et les Vénitiens, cette image sacrée devint la propriété des Francs qui l'offrirent à leur roi, et elle est restée dans la maison de France jusqu'au règne de François Ier.

« Mais, quand Charles-Quint, empereur des Romains, se fut emparé à Pavie du roi François Ier, il eut une affection particulière pour cette

1. « Cum imperialis illa civitas Constantinopolitana, olim Nova Roma dicta, ab exercitu Francorum, simulque Venetum capta fuit, inter alias pretiosas spolias adfuit sacra illa imago Salvatoris nostri, quae mysteria suae sanctissimae et acerbissimae Passionis representat. Haec sacra imago inventa fuit in templo Sanctae Sofflae, et Graeci, ex antiquâ traditione, asserebant donum esse Magni Constantini imperatoris. Est autem magni et considerabilis momenti, dum ex smalto auroque confecta est. Sed, cum Galli Venetique regalia pretiosaque spolia inter ipsos dividerent, in dominium Francorum sacra imago remansit, qui illam suo regi detulerunt, et usque ad regnum Francisci Primi in generationem illorum extitit. Attamen, cum Carolus Quintus Romanorum imperator dictum Franciscum Papie subjugasset, sacra illa imago chara fuit imperatori, qui eam secum cum aliis spoliis in Hispaniam reportavit. Verum cum Isabella Austriaca ex Germania Mantuam ad suum conjugem iret, sacram imaginem secum in dotem asportavit, quam in oratorio suo magnificentissime collocavit ornatam prius cum cristallinis columnis aliisque regalibus ornamentis. Totum hoc constat ex epistola latina comitis Castiglione, quae directa fuit ad summum Romanum Pontificem ut consecrationis bullam dictae capellae concederet, quae epistola in domo Castiglionis, Mantuae, insimul cum aliis monumentis asservatur, cum quibus satis probatur pretiositatem dictae sanctissimae imaginis, ac valorem esse sedecimmlliescudorum romanorum cum attestatione celebris Julii Romani, »

image sacrée, et la transporta en Espagne avec ses autres dépouilles. Plus tard, Isabelle d'Autriche venant d'Allemagne pour s'unir à son époux à Mantoue, lui apporta en dot la sainte image, et la plaça avec solennité dans son oratoire après l'avoir fait décorer de colonnes de cristal et autres ornements royaux. Tout cela résulte d'une lettre en latin écrite par le comte Castiglione au Souverain Pontife pour obtenir la bulle de consécration de la dite chapelle. Cette lettre est conservée à Mantoue, dans le palais du dit comte Castiglione, avec d'autres témoignages établissant surabondamment combien est précieuse cette sainte image, et en fixant la valeur à 16,000 écus romains, suivant l'estimation faite par le célèbre Jules Romain. »

Il est superflu de faire ressortir les impossibilités accumulées dans cette notice écrite dans un latin barbare, qui nous représente un émail peint du XVIe siècle comme remontant au IVe; Constantin faisant un présent à une église qui sera construite deux siècles après sa mort, et où il est question de documents déposés dans la maison d'un gentilhomme imaginaire de Mantoue où il y aurait quelque naïveté à aller les rechercher. Cette notice a dû être rédigée il y a peu de temps, probablement au siècle dernier, par ceux qui ont détourné ce beau monument, et elle devait servir à leur permettre de le vendre plus avantageusement.

Quelle confiance doit-on accorder à la partie du récit qui nous représente cet émail comme ayant été pris par les Impériaux dans les bagages de François Ier à la bataille de Pavie? C'est ce qu'il est bien difficile de dire, mais il est probable que cette partie de la notice est aussi imaginaire que tout le reste, ainsi que l'a établi M. Charles Yriarte, quand il a très justement rappelé que l'inventaire des objets précieux pris par Charles-Quint dans cette malheureuse journée existe encore à Madrid, et qu'on n'y voit pas figurer notre triptyque.

Il est entré dans le Musée-Bibliothèque d'Évora au commencement de ce siècle, lorsque son fondateur, l'archevêque dom Manoel de Cenáculo Villas Boas, l'acheta ou le reçut d'une personne inconnue.

Avant de rechercher à quel artiste on doit l'attribuer, il est bon de rappeler que M. Alfred Demersay, chargé, en 1862, d'une mission scientifique ayant pour objet de consulter divers documents dans les archives d'Espagne et de Portugal, s'exprime ainsi sur le compte de cet émail :

« L'émail du Musée d'Évora, que je regarde comme un des beaux spécimens de l'art français à l'époque de la Renaissance, malgré la tradition qui lui assigne une origine byzantine, est un triptyque de Limoges. La monture est d'or massif uni et sans ciselures...

« Un pareil trophée est sans valeur historique pour le Portugal qui
n'a pas eu la gloire de nous en dépouiller : il n'a qu'une valeur vé-
nale, facile à apprécier celle-là, et peut-être penserez-vous, Monsieur
le Ministre, qu'il y aurait là matière à des négociations ou à un
échange qui restitueraient aux collections splendides du Louvre un
joyau dont la place me paraît toute marquée dans le Musée des Sou-
verains. »

Il est inutile de redire que, malgré les termes de l'inscription latine, la monture est en cuivre et non pas en or.

M. Charles Yriarte a vu ce monument qui figurait dans l'Exposition
rétrospective de Lisbonne de 1882, et, dans la *Gazette des Beaux-Arts*
du 1er juillet de la même année, il s'est borné à détruire la légende
qui faisait de ce triptyque un des trophées de la bataille de Pavie.

N'est-il pas possible de serrer la question de plus près? L'œuvre est
certainement française et sort des ateliers de Limoges. En dehors du
style qui ne permet pas le doute, nous en avons pour garant le mot
avugle qu'on lit auprès de saint Longin ; et les hermines semées
sur la robe de sainte Madeleine sont vraisemblablement une flatterie
à l'adresse de la reine Anne de Bretagne qui mourut en 1514, ce qui
permet de supposer que ce monument est antérieur à cette date.

L'émail a été peint d'après une estampe allemande, ainsi que les
artistes limousins avaient l'habitude de le faire au xve et au début du
xvie siècle[1]. C'est ce qu'a rappelé très justement M. Émile Molinier
à la page 266 de son *Traité de l'Émaillerie* : « Les émailleurs limousins n'ont point tiré de leur imagination les compositions qu'ils ont
traduites en émail. Au xve et dans le premier quart du xvie siècle,
ce sont les estampes flamandes ou franco-flamandes, plus rarement
allemandes, qui leur ont servi de patrons. »

La monture qui cache le dessous de la plaque de cuivre ne permet
pas de savoir s'il existe une signature ou un poinçon qui, du reste,
doivent être cachés par un contre-émail; mais il suffit de comparer
cet émail avec ceux du Musée du Louvre, du Musée de Cluny ou de
la collection Spitzer, pour reconnaître qu'il est sorti des ateliers des
Pénicaud, et on ne peut hésiter qu'entre Nardon Pénicaud, le plus

---

1. Depuis que ces lignes ont été écrites, M. Emery, professeur à Bologne et
M. A. de L., directeur de *La Chronique des Arts et de la Curiosité,* ont reconnu
que les sujets latéraux ont été copiés sur des estampes d'Albert Dürer : trois
de ces sujets sont empruntés à « la Petite Passion » que ce maître fit paraître
dans l'année 1509-1510. Nous ne doutons pas qu'un chercheur patient ne
puisse également découvrir l'estampe allemande qui a servi de modèle au
panneau central de ce triptyque.

ancien des peintres-émailleurs de Limoges, dont nous possédons au Musée de Cluny une si belle œuvre datée de 1503, et Jean Ier Pénicaud, frère ou neveu de Nardon. Ceux qui sont venus après eux ont reproduit des œuvres qui ont un caractère moins archaïque que celle qui nous occupe.

D'après M. Molinier, ce qui distingue les œuvres de Jean Ier Pénicaud de celles de Nardon, c'est l'emploi presque immodéré du paillon, consistant dans des feuilles d'argent mises sous l'émail incolore qui sert de support aux émaux colorés et servant à rehausser l'éclat des vêtements et surtout celui des fonds ou du ciel semé d'étoiles d'or.

Or, les fonds du panneau central et de trois des sujets latéraux du triptyque qui nous occupe sont formés par des paillons analogues à ceux qu'on rencontre sur les émaux de Jean Ier Pénicaud faisant partie de la collection Spitzer : aussi, je pense que c'est à ce maître qu'on doit attribuer l'émail d'Évora : c'est du reste l'opinion que M. Molinier a bien voulu m'exprimer lorsque je lui en ai montré les photographies.

Elles laissent apparaître les défauts et les maladresses du dessin, mais ce qu'elles ne peuvent rendre, c'est l'éclat et l'harmonie des couleurs, aussi brillantes aujourd'hui qu'il y a près de quatre siècles qui font de cet émail un des chefs-d'œuvre sortis des ateliers de Limoges, et, je crois avoir le droit d'ajouter, un des chefs-d'œuvre de la Renaissance française.

Remarquons en outre que ses dimensions sont supérieures à celles de tous les émaux des Pénicaud conservés au Louvre, au Musée de Cluny et dans la collection Spitzer. Le n° 3 de cette dernière collection, le plus grand de tous, a 0^m,33 de hauteur sur 0^m,25 de largeur, tandis que celui d'Évora atteint 0^m,41 sur 0^m,34.

Aussi, sans même qu'il soit prouvé que ce monument a appartenu à François Ier, le verrions-nous avec plaisir entrer dans les galeries du Louvre, mais, selon toute vraisemblance, il faut renoncer à cet espoir, car la ville d'Évora n'est évidemment pas disposée à aliéner une œuvre qui est la pièce principale de son musée.

BIBLIOGRAPHIE

Benvenuto Cellini, *Trattato sopra l'oreficeria*, 1811, in-8°, Milano; capitolo IV : « Dell' arte dello smaltare in oro e in argento, e della natura d'alcuni smalti », pages 44-45.

Marquis Léon de Laborde, *Notice des émaux, bijoux et objets divers exposés dans les galeries du Musée du Louvre*, 1853, 2 vol. in-12.

Albert Darcel, *Notice des émaux et de l'orfèverie du Musée du Louvre*, 1867, in-16.

Du Sommerard, *Catalogue du Musée de Cluny*, 1883, in-16.

Claudius Popelin, *Notice sur les émaux peints*, t. II du *Catalogue des collections Spitzer*, p. 1-18, 1890, in-folio.

Émile Molinier, *Dictionnaire des émailleurs depuis le moyen âge jusqu'à la fin du* XVIII° *siècle*, 1885, in-18.

Émile Molinier, *L'Émaillerie* (de la *Bibliothèque des Merveilles*). 1891, 1 vol. in-16, illustré de 71 vignettes.

Alfred Demersay, *Archives des Missions scientifiques*, t. II de la 2° série, p. 366, 1865.

Charles Yriarte, *L'Exposition rétrospective de Lisbonne en 1882* (*Gazette des Beaux-Arts* du 1er juillet 1882, t. XXVI, p. 28).

Sur la légende de saint Longin, voir *Les petits Bollandistes : Vies des saints*, par Mgr Paul Guérin, t. III, p. 425, 1888, chez Bloud et Barral, 4, rue Madame.

Supplément des Vies des saints, par le R. P. Dom Paul Piollier, t. I, p. 526, chez Bloud et Barral, *s. d.*

APPENDICE III

LISTE DES PRINCIPAUX ARTISTES ÉTRANGERS QUI ONT TRAVAILLÉ EN PORTUGAL OU DONT L'INFLUENCE S'Y EST FAIT SENTIR

Ainsi que je l'ai indiqué dans mon *Rapport* et dans la conférence, un grand nombre des monuments du Portugal et des œuvres d'art qui s'y rencontrent sont dus à des influences étrangères : c'est ce que l'histoire de ces monuments établirait, et, à défaut de cette histoire, ce qui ressortira de la liste que nous allons dresser :

1. En 1148, à la demande du premier roi du Portugal Affonso Henriquez, fils du comte Henri de la maison de Bourgogne, saint Bernard, qui venait de prêcher à Vézelay la seconde croisade, envoya en Portugal l'abbé Ranulphe et quatre autres religieux qui donnèrent le plan de l'église et du couvent cistercien d'Alcobaça. Cette église, l'un des plus beaux monuments du pays, ne fut achevée qu'en 1222.

2. En 1386, le Portugais Affonso Dominguez paraît avoir conçu le plan du couvent de Batalha : suivant James Murphy, ce serait l'Anglais Stephenson qui en serait l'architecte. Affonso Dominguez fut remplacé à sa mort par l'Anglais Hacket, puis vint un Français, originaire de Normandie, Huet : ce qui explique suffisamment les analogies qui se rencontrent entre ce monument et les églises gothiques françaises et anglaises de la même époque. C'est un Portugais qui eut le mérite de construire la belle chapelle capitulaire dont la voûte est d'une si grande hardiesse qu'elle s'écroula deux fois avant d'avoir pu être achevée : il s'est représenté à la base d'une des arêtes de cette voûte, mais son nom est demeuré inconnu.

Mattheus Fernandez fut chargé par le roi D. Manoel de la construction de la « Capella Imperfeita » de Batalha : les travaux, interrompus à sa mort, le 10 avril 1515, n'ont jamais été repris depuis. Il repose sous une dalle, à l'entrée de la nef de l'église.

3. Les uns disent que Garcia de Rezende, page, poète et chroniqueur du roi Jean II, lui donna, vers 1485, le dessin de la tour de Belem : suivant d'autres, ce monument, d'un aspect si original, doit être attribué à un architecte italien.

4. La même incertitude règne en ce qui concerne le couvent et l'église « dos Jerónimos » de Belem ; il faudrait l'attribuer à l'Italien Potassi, ou à un architecte du nom de Boitaca ou Boutaca, dont la nationalité n'est pas bien déterminée, mais qui paraît avoir été également ment d'origine italienne.

5. Les architectes français Jean de Rouen et Jacques Longuin reconstruisirent, en 1515, sous le roi D. Manoel, l'église Sainte-Croix à Coimbra.

6. Jean V (1706-1750) n'employa presque que des artistes étrangers pour édifier ses fastueuses constructions.

L'Allemand Lodovisi éleva, de 1717 à 1730, l'immense couvent de Mafra, et refit, en 1721, la décoration du chœur de la cathédrale d'Evora, dans un style pompeux, avec des revêtements de marbres rares et précieux.

Le roi fit exécuter à Rome en mosaïques, pierres et marbres d'une richesse inouïe, la chapelle de Saint-Jean-Baptiste qui, après que le pape y eut dit la messe, fut transportée en 1746, morceau par morceau, à l'église San-Roque de Lisbonne, où le tremblement de terre de 1755 la respecta.

Un sculpteur italien, Giusti, aidé par une légion d'élèves qu'il avait amenés avec lui, orna le couvent de Mafra de nombreuses statues de marbre.

7. C'est aussi un architecte italien, Nicolas Mazzoni, qui construisit, de 1723 à 1763, aux frais du clergé, la haute tour « dos Clérigos » qui domine la ville de Porto.

Cette invasion artistique a continué pendant le siècle actuel.

8. Sous le règne de Jean VI (1816-1826), un Italien, Fabri, édifia le château d'Ajuda, et un de ses compatriotes, Lodi, construisit le théâtre de Dona Maria II (1834-1853).

9. Le prince de Saxe-Cobourg-Gotha devenu, par son mariage avec la reine Dona Maria II, le roi D. Fernando II, fit reconstruire, il y a une quarantaine d'années, par un Allemand, le baron d'Eschwege, le château de la Pena à Cintra.

10. La colonne de marbre surmontée de la statue du roi dom Pedro IV, qui orne la place du Roçio à Lisbonne, est le produit de la collaboration d'un architecte et d'un sculpteur français : MM. Gabriel Davioud et Elias Robert.

11. La statue de Camões qui se trouve à Lisbonne sur la place de ce nom est du sculpteur portugais Victor Bastos qui étudia, je crois, à Paris.

12. Un sculpteur français, M. Calmels, établi depuis longtemps en Portugal, a orné de statues en haut-relief le fronton du palais de la municipalité de Lisbonne sur la place du *Pelourinho* et a décoré la salle des séances de la Chambre des pairs de bustes et de médaillons. Mme la duchesse de Palmella, dont les œuvres ont été admises au Salon de Paris, est son élève.

13. Sur la place *dos Romulares*, la statue du duc de Terceira est l'œuvre de Simões de Almeida, ancien élève de notre École des beaux-arts.

14. Un sculpteur italien, Ciniselli, est l'auteur de la statue du général de Sa da Bandeira érigée en 1884 sur une place de Lisbonne.

15. J'ai indiqué dans mon *Rapport* que l'école de peinture portugaise du xvie siècle s'est formée sous l'influence de maîtres des écoles flamande et hollandaise tels que Jean van Eyck, Gerhardt David, Antonio Moro et Christovão van Utrecht qui ont séjourné en Portugal.

16. Il faut reconnaître cependant que nombre de monuments et d'œuvres d'art importantes sont dus à des artistes portugais qui ont, il est vrai, obéi le plus souvent à des influences étrangères : bornons-nous à rappeler quelques noms :

Sans revenir sur Affonso Dominguez et Mattheus Fernandez, les architectes du couvent et de la Chapelle Imparfaite de Batalha ; ni sur Garçia de Rezende et Boutaca, les prétendus auteurs de la tour de Belem et du couvent « dos Jéronimos », non plus que sur le problématique peintre, le « Gran Vasco », il est juste de citer :

17. Thomas Velho qui sculpta les tombeaux d'Affonso Henriquez et de D. Sanche Ier qui sont dans le chœur de l'église Santa-Cruz à Coimbra ;

18. Le miniaturiste Esteban Gonzalvez, dont le beau missel, peint en 1610, se trouve à la Bibliothèque de l'Académie des sciences.

19. L'ingénieur Manoel de Maia qui construisit, de 1718 à 1738, l'aqueduc « das Agoas livres », qui amène, de 12 kilomètres, l'eau potable à Lisbonne ;

20. Eugénio dos Santos qui donna, en 1761, au marquis de Pombal le plan des édifices qui entourent la place du Commerce à Lisbonne ;

21. Joaquim Machado le sculpteur et le colonel Bartholomeo da Costa, le fondeur de la statue colossale en bronze du roi D. José (1774) qui décore la place du Commerce ;

22. José da Costa et Silva, les architectes du théâtre de l'Opéra de Lisbonne (1792).

23. Cependant, ce n'est pas seulement sur le terrain artistique que l'influence des étrangers s'est fait sentir en Portugal : il en est de même dans le domaine de la poésie, de l'histoire, de la critique d'art, de l'archéologie, de l'érudition et de la philologie.

Lord Byron et Southey ont chanté les beautés du Portugal ; — James Murphy, le baron Taylor, le comte Raczynski, MM. Justi, Haupt, Cartailhac, Charles Yriarte, Armand Dayot ont décrit ses monuments ; — MM. Schaefer, Ferdinand Denis, Auguste Bouchot ont écrit son histoire ; — M. Richard Henry Major a fait revivre la grande figure de l'infant D. Henrique le Navigateur ; — M. Émile Hübner a relevé et publié les inscriptions romaines si nombreuses dans ce pays, etc.

24. A la liste que nous venons de dresser des artistes qui ont travaillé en Portugal il y a lieu d'ajouter ceux d'origine française qui sont indiqués par M. L. Dussieux dans la 3e édition (1876) de son ouvrage sur *Les Artistes français à l'Étranger.*

Ce sont d'abord les peintres-verriers Guillaume Belle et Maître Jean qui furent employés respectivement de 1448 à 1473 et de 1489 à 1528 à faire les vitraux de l'abbaye de Batalha.

25. Nicolas et Philippe Édouard ont aidé Jean de Rouen et Jacques Longuin dans la reconstruction de l'église Sainte-Croix à Coimbra.

26. Suivant Raczynski, c'est le même Nicolas qui aurait construit, en 1517, le beau et riche portail principal de l'église « dos Jérónimos » à Belem, et il aurait ensuite sculpté l'autel qu'on voit encore en place dans la chapelle du château de la Pena à Cintra.

27. Louis XIV envoya en 1657 le peintre Nocret en Portugal pour y faire le portrait de l'infante Catherine qui devint ensuite reine d'Angleterre.

28. Le roi Philippe V d'Espagne envoya également à Lisbonne Jean Ranc pour y peindre la famille royale de Portugal.

29. Jean V (1706-1750) ayant organisé l'enseignement des beaux-arts fit venir à Lisbonne les graveurs français : Debrie, de Grandpré, Ch. de Rochefort, Guillard, Rousseau, Le Bouteux, Simoneau et Le Bas.

30. Dans la seconde moitié du XVIIIe siècle, on trouve en Portugal les peintres français Jean Pillement, Nicolas de la Riva, et une miniaturiste Mlle Louvette.

31. Au milieu du siècle actuel, M. Rambois a été chargé de décorer le théâtre de l'Opéra de Lisbonne San-Carlos ; il a ensuite collaboré aux travaux d'embellissement du palais das Necessidades.

32. Nous avons déjà mentionné le sculpteur Anatole Calmels, ancien pensionnaire de l'Académie de France à Rome, qui réside depuis longtemps à Lisbonne. Aux œuvres dues à son ciseau et don nous avons parlé il faut ajouter la statue équestre du roi D. Pedro IV père de Dona Maria II, érigée à Porto en 1866, et la décoration sculpturale de l'arc de triomphe élevé sur la place du Commerce de Lisbonne et terminé en 1872.

33. M. Layraud, ancien grand prix de peinture, résidait à Lisbonne en 1874, et y fit les portraits de la famille royale.

34. Enfin, depuis 1867, l'Académie des beaux-arts de Lisbonne, envoie ses meilleurs élèves à notre École des beaux-arts pour y compléter leur instruction.

APPENDICE IV

LIEUX DE SÉPULTURE DES ROIS ET REINES DU PORTUGAL

	NOMS DES ROIS ET REINES	DATES de leur accession au trône.	LIEUX DE SÉPULTURE
DYNASTIE DE BOURGOGNE	1. Le comte Henrique de Portugal, fondateur de la maison de Bourgogne	1095	Guimarães.
	2. Affonso Henriquez, prince de Portugal en 1128, roi en . .	1143	Église Santa-Cruz, à Coimbra.
	3. Dom Sancho Ier	1185	Idem.
	4. Dom Affonso II et Dona Urraca.	1211	Alcobaça.
	5. Dom Sancho II et Dona Mecia, déposé en 1246	1223	Tolède.
	6. Affonso III, régent en 1246, roi en 1248. Dona Brites et Dona Mathilde	1248	Église du couvent d'Alcobaça.
	7. Dom Diniz (Denis) et sainte Isabelle	1279	Odivellas, près Lisbonne.
	8. Affonso IV et Dona Brites . .	1325	Cathédrale de Lisbonne.
	9. Dom Pedro Ier et Dona Constança ainsi que Dona Ignez de Castro	1357	Église du couvent d'Alcobaça.
	10. Dom Fernando Ier et Dona Leonor Telles.	1367	Santarem, couvent San-Francisco.

	NOMS DES ROIS ET REINES	DATES de leur accession au trône.	LIEUX DE SÉPULTURE
DYNASTIE D'AVIZ	11. Dom João Ier et la reine Dona Philippe de Lancastre, régent en 1383, roi en	1385	Au couvent de Batalha.
	12. Dom Duarte et Dona Leonora d'Aragon	1433	Dans le chœur de l'église de Batalha.
	13. Dom Affonso V et Dona Isabel (Portugaise)	1438	Salle du chapitre de Batalha.
	14. Dom João II et Dona Leonor	1481	Dans la nef de Batalha.
	15. Dom Manoel et 1° Dona Isabel 2° Dona Maria 3° Dona Leonor	1495	Dans le chœur de l'église de Belem, à Lisbonne.
	16. Dom João III et Dona Catharina.	1521	Dans le chœur de l'égl ie de Belem.
	17. Dom Sebastião	1557	Dans le chœur de l'église de Belem.
	18. Cardinal Dom Henrique . .	1578	Idem.
ROIS ESPAGNOLS	*Captivité de 60 ans, de 1580 à 1640.*		
MAISON DE BRAGANCE	19. Dom João IV et Dona Luisa de Gusmão	1640	San-Vicente de Fora, à Lisbonne.
	20. Dom Affonso VI et Dona Maria de Neubourg, déposé en 1668.	1656	Idem.
	21. Dom Pedro II épousa la femme de son frère détrôné, Dona Maria de Neubourg, régent en 1668, roi en . . .	1689	San-Vicente de Fora.
	22. Dom João V et Dona Marianna d'Autriche	1706	Idem.
	23. Dom José Ier et Dona Marianna Victoria	1750	Idem
	24. Dona Maria Ier et son mari Dom Pedro III; déposition de la reine en 1793, sa mort en 1816.	1777	Dans le chœur de l'église de l'Estrella, à Lisbonne.
	25. Dom João VI et Carlota Joaquina, régent en 1793, roi en.	1816	San-Vicente de Fora.

	NOMS DES ROIS ET REINES	DATES de leur accession au trône.	LIEUX DE SÉPULTURE
SUITE DE LA MAISON DE BRAGANCE	26. Dom Pedro IV, roi *in nomine*, abdiqua au Brésil en faveur de sa fille Dona Maria II.	1826	San-Vicente de Fora.
	27. Dom Miguel, l'usurpateur de sa nièce, déposé en 1834, mourut exilé.	1828	Brombach, près Vienne (Autriche).
	28. Dona Maria II et son mari le roi Dom Fernando II, mort en 1885.	1834	San-Vicente de Fora.
	29. Dom Pedro V et Dona Stéphanie de Hohenzollern.	1853	Idem.
	30. Dom Luis Ier et Dona Maria Pia, de la maison de Savoie.	1861	Dom Luis Ier est enterré à San-Vicente de Fora.
	31. Dom Carlos Ier et Marie-Amélie d'Orléans.	1889	

APPENDICE V

BIBLIOGRAPHIE D'ARCHÉOLOGIE PORTUGAISE

Cette liste, forcément incomplète, comprend des livres d'archéologie préhistorique, d'épigraphie et d'archéologie romaines, ainsi que des ouvrages relatifs à l'histoire de l'art, des monuments et des artistes en Portugal.

1

ARCHÉOLOGIE PRÉHISTORIQUE

1. Émile Cartailhac, *Les Ages préhistoriques de l'Espagne et du Portugal*. Résultats d'une mission scientifique du Ministère de l'Instruction publi-

que. Avec une préface de M. de Quatrefages. Paris, 1886, xxxi et 347 pages gr. in-8°, avec planches et gravures.

2. Ricardo Severo, *Palæoethnologia portugueza*. Porto, 1888, 113 p. in-8°. Publié par la « Sociedade Carlos Ribeiro, propaganda das sciencias naturães, sociães em Portugal ». C'est une étude critique et analytique du livre de M. E. Cartailhac sur *Les Ages préhistoriques de l'Espagne et du Portugal*.

3. Émile Cartailhac, *Notes sur l'Archéologie préhistorique en Portugal*. Extrait du *Bulletin de la Société d'Anthropologie*, séance du 21 avril 1881, in-8°.

4. Émile Cartailhac, *Comptes rendus publiés en novembre 1880, dans les Matériaux pour l'Histoire primitive et naturelle de l'homme*, de la IXe session du Congrès international d'anthropologie et d'archéologie préhistotoriques tenu à Lisbonne en 1880.

5. P. Cazalis de Fondouce, *La question de l'homme tertiaire en Portugal*. Extrait de la *Revue des sciences naturelles*, s. d. 16 p. in-8°.

6. Paul Choffat, *L'homme tertiaire en Portugal*, Extrait des *Archives des sciences physiques et naturelles* de décembre 1880. 11 p. et une planche.

7. Carlos Ribeiro, *Estudios geologicos : Descripção do solo quaternario das bacias hydrographicas do Tejo e Sado* (Description du terrain quaternaire des bassins hydrographiques du Tage et du Sado), in-4°, Lisbonne 1866.

8. Carlos Ribeiro, *Études préhistoriques en Portugal*. Mémoire présenté en portugais et en français à l'Académie des sciences de Lisbonne sur la station de Liçea près de Lisbonne, et sur les monuments de la serra de Cintra et de la station préhistorique de Palmella. Lisbonne, 1878, 72 p. in-4°, avec dessins et planches.

9. Carlos Ribeiro, *Notice*, en portugais et en français, *sur quelques stations et monuments préhistoriques et sur les monuments mégalithiques des environs de Bellas*. Lisbonne s. d., 88 p. in-4°, avec dessins et planches.

10. J.-F.-N. Delgado, *Notice*, en portugais et en française, *sur les grottes de Çesareda*. Lisbonne, 1867. 127 p. in-4°, publiée par la « Commissão geologica de Portugal ».

11. J.-F.-N. Delgado, *Comptes rendus de la IXe session du Congrès international d'anthropologie et d'archéologie préhistoriques tenu à Lisbonne en 1880* Typographie de l'Académie des sciences de Lisbonne, 1884, in-8°, 723 p. avec planches.

12. J.-F.-N. Delgado, *Relatorio açerca da decima sessão do Congresso internacional e anthropologia e archeologia prehistoricas* (Compte rendu de la Xe session du Congrès international d'anthropologie et d'archéologie préhistoriques tenu à Paris en août 1889). Lisboa, 1890, 46 p. in-4.

13. Pereira da Costa, *Notice*, en portugais et en français, *sur l'existence de l'Homme dans la vallée du Tage dans les temps préhistoriques*, publiée par la « Commissão geologica de Portugal ». Lisboa, 1865, 40 p. in-4°, avec planches.

14. Pereira da Costa, *Notions*, en portugais et en français, *sur l'état préhistorique de la Terre et de l'Homme, suivies de la Description de quelques dolmens ou Antas du Portugal*; publiées par la « Commissão geologica de Portugal ». Lisbonne, 1868, 97 p. in-4° avec planches.

15. Francisco de Paula e Oliveira, *As raças dos kjoekkenmoeddings de Mugem.* Lisboa, 18 p. in-8°, avec une planche.

16. Francisco de Paula e Oliveira, *Nouvelles fouilles faites dans les kjoekkenmoeddings de la vallée du Tage.* Publié par la « Commissão geologica de Portugal ». 27 p. in-8°. *s. d.*

17. Francisco de Paula e Oliveira, *Notes sur les ossements humains, existant dans le Musée de la Commission des travaux géologiques, provenant de Mugem et des dolmens des environs de Lisbonne.* Publié par la « Commissão geologica de Portugal ». Décembre 1887, 13 p. in-8° et un plan.

18. Francisco de Paula e Oliveira, *Caracteres descriptivos dos craneos de Çesareda.* Publié par la « Commissão geologica de Portugal », 10 p. in-8°.

19. Francisco de Paula e Oliveira, *Antiquités préhistoriques et romaines des environs de Cascaes.* 27 p. in-8° et trois photograqhies, *s. d.*

20. Chevalier J.-P.-N. da Silva, *Notice sur les monuments mégalithiques du Portugal lue au Congrès de Montpellier de 1879 dans la séance du 30 août.* Publié par l'Association pour l'avancement des sciences, 5 p. in-8° avec une carte des monuments mégalithiques du Portugal.

22. Chevalier J.-P.-N. da Silva, *Notice sur des haches de bronze préhistoriques trouvées en Portugal.* Communication faite au Congrès d'archéologie préhistorique de Lisbonne de 1880, in-16, avec une planche.

23. Chevalier J.-P.-N. da Silva, *Machados* (haches) *de bronze descobertos em Portugal.* Publié dans le *Boletim de architectura e de archeologia da real associação dos architectos e archeologos portuguezes*, 1882. Lisbonne, in-4°, avec une planche séparée.

24. Alfredo Bem Saude, *Notice sur quelques objets préhistoriques du Portugal fabriqués en cuivre.* Extrait des *Communicações da Commissão dos trabalhos geologicos*, 1889.

25. S.-P.-M. Estaçio da Veiga, *Antiguidades do Algarve.* Trois volumes gr. in-8° ont paru, de 1886 à 1889, sur les *Tempos prehistoricos*, avec une carte archéologique de l'Algarve et des planches et gravures. Imprensa nacional de Lisboa.

II

ARCHÉOLOGIE ET ÉPIGRAPHIE ROMAINES

26. Dr Emil Hübner, *Inscriptiones Hispaniae Latinae* publiées dans le t. II du *Corpus inscriptionum latinarum*, consilio et autoritate Academiae litterarum Borussiae, 1869, in-folio.

27. *Ephemeris epigraphica*, in-folio. *Passim.*

28. *Portugaliae Inscriptiones.* Edidit Levy Maria Jordao. Olisippone, 1859, in-folio.

29. Andre de Resende, *Historia de antiguidade da ciudade de Evora*, feita por meestre Andrea de Resende, *s. l.*, 1553.

3o. André de Rezende, chanoine à la cathédrale d'Évora, *De anquitatibus Lusitaniae libri quatuor*, avec un cinquième livre : *De municipii Eborensis antiquitate*, par Jacob de Vasconcellos, membre du tribunal de l'Inquisition à Évora, in-16, 575 p., Romae, apud Bernardum Basam, 1597.

31. S.-P.-M. Estaçio da Veiga, *Memoria das antiguidades de Mértola observadas e relatadas em 1877.* Lisboa, Imprensa nacional, 1880, in-8°, avec un plan de la ville de Mértola.

32. S.-P.-M. Estaçio da Veiga, *A tabula de bronze de Aljustrel, lida, deduzida e commentada em 1876.* Memoria apresentada a Academia real das sciencias de Lisboa. Typographia da Academia, Lisboa, 1880, in-8°, avec huit planches.

33. Augusto Soromenho, professeur à l'École supérieure des lettres de Lisbonne. *La table de bronze d'Aljustrel. Rapport à M. le Ministre de l'Intérieur du Portugal.* Lisbonne. Imprimerie nationale 1877, in-8°, avec cinq planches.

34. Dr Emil Hübner, professeur à l'Université de Berlin, *Noticias archeologicas de Portugal.* Traduction portugaise d'un rapport en allemand déposé à la suite d'une mission archéologique et épigraphique dont l'auteur avait été chargé, en 1861, par l'Académie des sciences de Berlin. Lisbonne, 1871, 110 p. in-4° avec une planche.

35. Patre D. Hierónymo, contador de Argote, *De antiquitatibus conventûs Bracae Augustani* (Braga) *libri quatuor.* Secunda editio quinto libro locupleta. Ulyssipone occidentali, 1738, in-4°.

36. Eugène de Fontainieu, *La vérité sur la question archéologique de Cetobriga (Setubal) en Portugal.* Bordeaux, 1875, in-4°.

37. Chevalier J.-P.-N. da Silva, *Découverte d'une ville romaine en Portugal en 1882.* Communication faite au Congrès de l'Association française pour l'avancement des sciences tenu à La Rochelle au mois d'août 1882. Imprimerie Chaix et Cie, *s. d.*

III

ARCHÉOLOGIE PORTUGAISE PROPREMENT DITE. — HISTOIRE DE L'ART, DES MONUMENTS ET DES ARTISTES EN PORTUGAL

Archéologie portugaise.

38. Comte Raczynski, ancien ambassadeur de Prusse en Portugal, *Les Arts en Portugal.* Paris, 1846, in-8°.

39. Comte Raczynski, *Dictionnaire historico-artistique en Portugal*. Paris, 1847, in-8°.

40. Chevalier J.-P.-N. da Silva, *Noçŏes de archeologia*, in-8°, avec 324 figures. Lisbonne, *s. d.*

41. A. de Coulencer, *Le Portugal, notes d'art et d'archéologie*, in-8°, 1882.

42. Joaquim de Vasconcellos, conservateur du Musée industriel d'Oporto, *Archeologia artistica*. Six fascicules ont paru de 1881 à 1885.

43. J. Adamson, *Lusitania illustrata*. Notices on the history, antiquities, litterature of Portugal. Newcastle-upon-Tyne, 1846, in-8°.

44. Rodrigo Vicente d'Almeida, *Documentos ineditos colligidos*, extraits de « A Historia da Arte em Portugal ». Estudios publicados sob a direcção de Joaquim de Vasconcellos. Porto, 1883, in-8°.

45. Jose-Silvestre Ribeiro, *Historia dos Estabelecimientos scientificos, litterarios, artisticos de Portugal*. Lisboa, 1882-1885, 4 vol. in-8°.

46. Innocenzio-Francisco da Silva Brito Aranha, *Diccionario bibliographico portuguez*, tome XII, ou V du *Supplément*. Lisboa, Imprensa nacional, 1884, in-8°.

47. Charles Yriarte, *L'Art en Portugal et l'Exposition rétrospective de Lisbonne de 1882*, tome XXV et XXVI de la « Gazette des Beaux-Arts », Paris, 1885.

48. Alfred Demersay, *Rapport sur une mission du Ministère de l'Instruction publique en Espagne et en Portugal*, tome II, 2° série, X, année 1865, des « Archives des Missions scientifiques et littéraires ».

Les artistes étrangers en Portugal.

49. L. Dussieux, *Les Artistes français à l'étranger*, 3° édition, Paris, 1876, grand in-8°. Pour le Portugal, p. 534-541.

50. R. Francisque-Michel, *Les Portugais en France, les Français en Portugal*, avec trois reproductions de sceaux. Paris, 1882, in-8°.

51. Émile Varenbergh, *Les relations des Pays-Bas avec le Portugal, d'après un écrivain du XVII° siècle*, tome XXV ; ou 2° série tome V des « Annales de l'Académie d'archéologie de Belgique ». Bruxelles, 1869, in-8°.

Architecture.

52. James Murphy, *Plans of the Church of Batalha*, with the History and Description by the F. Luiz de Souza, with remarks and an introductory discourse on the principles of Gothic architecture. London, printed for J. and J. Taylor. High Holborn, 1795, in-4°. Illustrated with 27 plates.

53. Vicomte de Condeixa, *Le Monastère de Batalha en Portugal*. Monographie, en portugais et en français, ornée de 26 gravures héliographiques, in-4°, *s. d.*, Paris, chez Firmin Didot et Cⁱᵉ, et Lisbonne chez M. Gomes, 72, rue Garett, 1892?

54. Haupt, architecte à Hanovre, *Die Baukunst der Renaissance in Portugal*. Francfort-auf-Main, in-4°. Un premier fascicule sur Lisbonne et ses environs a paru en 1890.

55. Joaquim de Vasconcellos, *De Architectura Manuelina*. Conferencia realisada na Exposição districtal de Coimbra. Coimbra, 1885, in-8°.

56. Paul Sédille et Ch. Lucas, *Étude sur quelques monuments portugais d'après les notes de M. le commandeur J.-P.-N. da Silva*. Communication faite à la séance du 3 août 1878 du Congrès international des Architectes tenu au palais des Tuileries. Imprimerie nationale, 1881.

57. Ch. Lucas, *L'Architecture en Portugal*. Mélanges historiques et archéologiques. 1870, in-8°:

58. Chevalier J.-P.-N. da Silva, *Relatorio da real Assoçiação dos architectos civis e archeologos portuguezes, apresentado na sessão solemne do 18 de novembro de 1888* (Rapport présenté au nom de l'Association royale des architectes civils et des archéologues portugais dans la séance solennelle du 18 novembre 1888). Lisboa, 1888, grand in-8°.

59. Chevalier J.-P.-N. da Silva, *Memoria historica da fundação, progresso e trabalhos da real Assoçiação dos architectos civis e archeologos portuguezes, desde a sua instituição até o anno 1889 em que completou XXV de sua existencia em Lisbou* (Mémoire historique sur la création, le développement et les travaux de l'Association royale des architectes civils et des archéologues portugais, depuis sa fondation jusqu'en 1889, époque à laquelle elle a accompli sa 25° année d'existence.) Lisboa, 1889, grand in-8°.

60. Chevalier J.-P.-N. da Silva, *Mémoire d'archéologie sur la véritable signification des signes qu'on voit gravés sur les anciens monuments du Portugal*. Lisbonne, imprimerie nationale, 1868, in-4°, avec 32 planches séparées représentant des sigles gravés sur 36 monuments élevés au moyen âge en Portugal, et sur l'aqueduc de Lisbonne construit au xviii° siècle.

61. Chevalier J.-P.-N. da Silva, *Notice des principaux édifices religieux du Portugal*. Lisbonne, 1873, in-12.

62. Chevalier J.-P.-N. da Silva, *Dissertation artistique sur l'architecture en Portugal, du xii° au xviii° siècle*, 1869, in-8°.

63. Mendes Leal, *Monumentos nacionães*, in-8°, s. l. et s. d.

64. V. Vasconcellos, *Renascença portugueza*.

65. Émile Travers, *L'Association royale des architectes civils et des archéologues portugais*. Caen, 1890, in-8°.

Peinture, Céramique, Émaillerie, Musique.

66. Justi, professeur à l'Université de Bonn, *Die Portugiesische Malere des xvi. Jahrhundert*.

67. J.-C. Robinson, *Upon the pictures attributed to Gran Vasco which are at Coimbra and Vizeu*. (Fine Arts quarterley Review, année 1866.)

68. Joaquim de Vasconcellos, *Albrecht Dürer e a sua influenza na Peninsula*. Porto, 1879, in-4°.

69. Cyrillo Volkmar Machado, *Collecção de Memorias relativas as vidas dos artistas portuguezes, pintores, esculEores, architectos e gravadores; e dos estrangeiros que estuvierão em Portugal*, recolhidas e ordenadas por C. V. Machado, pintor ao servico de S. Magestade o Senhor D. João VI. Lisboa, 1823, in-8° (Collection de Mémoires relatifs à la vie des artistes portugais : peintres, sculpteurs, architectes et graveurs, ainsi que des artistes étrangers qui ont travaillé en Portugal, réunis et mis en ordre par C. V. Machado, peintre de S. M. le roi Jean VI).

70 Joaquim de Vasconcellos, *Exposição de Cerámica*. Porto, 1883, in-8°.

71. Ferdinand Denis, ancien directeur de la Bibliothèque Sainte-Geneviève de Paris, *Traité des émaux portugais*, in-8°.

72. Ferdinand Wolf, *Dom Ant. José da Silva, der Verfasser der sogenanten « Opern des Juden »* (operas do Judem). Wien, 1860, in-8°.

73. Ernest David, *Les Opéras du Juif Antonio José da Silva* (1705-1739), Paris, 1880, in-8°,

Numismatique et Sigillographie.

74. Teixeira de Aragão, *Descripção geral e historica das moedas em nome dos reis, regentes e governadores de Portugal*. Lisboa, Imprensa nacional, 1874-1880, 3 vol. grand in-8°.

75. J. do Amaral, *Dicçionario de numismatica portugueza*. Porto, 1884.

75. J. Leite de Vasconcellos, *Numismatica nacional*. Lição inaugural do curso de Numismatica da Bibliotheca nacional de Lisboa no anno lectivo 1888-1889 (La Numismatique portugaise; leçon d'ouverture du cours de numismatique professé à la Bibliothèque nationale de Lisbonne). Lisboa, 1888, in-8°.

76. J. Dallier, *Arrêt de la Cour des Monnaies de France contenant décry des ducats nouvellement forgés en Allemagne et contrefaits sous la forme et figure des ducats formés en Portugal.* Paris, 1563, in-8°.

77. J. Dallier, *Arrêt de la cour des Monnaies portant décry des écus de Portugal.* Paris, 1566, petit in-8°.

78. J. Dallier, *Déclaration du Roi sur le cours donné par Sa Majesté aux testons de Portugal pour 12 sols 6 deniers pièce.* 1572, petit in-8°.

79. *Jeton d'Isabelle de Portugal, femme de Philippe le Bon, duc de Bourgogne, et mère de Charles le Téméraire*, p. 443 de la « Revue numismatique belge » de 1869, sans nom d'auteur.

80. *Monnaies de dom Antonio, roi de Portugal, frappées en 1582 à Angra, dans l'île de Terceira (Açores)*, p. 52 de la « Revue numismatique belge » de 1868, et p. 352 de la « Revue numismatique française » de 1889, sans noms d'auteurs.

81. Fournier du Lac, *Lettre à M. le vicomte de Santarem sur le sceau de Denis le Libéral, roi de Portugal* (Revue archéologique, 8e année, 1851).

82. Manuel-Bernardo Lopez Fernandez, *Collecção das medalhas e condecoraçaoes portuguezas e das estrangeiras com relação a Portugal*, pertenecente

ao tomo III, part. II, das « Memorias da Academia real das sciencias de Lisboa », coordenada pelo socio effectivo, M. B. Lopez Fernandez. Lisboa, 1861, in-4°.

83. Teixeira de Aragão, *Description des monnaies, médailles et autres objets d'art concernant l'histoire portugaise du travail à l'Exposition universelle de 1867.* Paris, 1867, in-8°.

84. J. Sabatier, *Rapport sur la collection des monnaies portugaises figurant à l'Exposition universelle de 1867,* présenté à la Société française de numismatique. Paris. 1868, in-8°.

Études locales.

85. Dr Francisco Martins Sarmento, *Expedição scientifica a serra de Estrella, entreprise en 1881 par la* « Sociedade de geographia de Lisboa ». Six brochures in-4°, dont une, relative à l'archéologie, par M. le Dr F. M. Sarmento, avec 10 planches. Lisboa, Imprensa nacional, 1883.

86. Julio de Castilho, *Lisboa antiga.* Cinq volumes in-12 avec cartes et dessins. Lisboa, 1879.

87. Antonio-Francisco Barata, conservateur à la Bibliothèque publique d'Evora, *Memoria historica sobre a fundação da Sé* (cathédrale) *d'Evora e suas antiguidades.* Imprensa da Universidade de Coimbra, 1876, in-12.

88. Gabriel Pereira, directeur de la Bibliothèque nationale de Lisbonne, *Études archéologiques, artistiques et historiques sur Évora.* En portugais, 3 vol. in-16.

TABLE DES MATIÈRES

TABLE DES PLANCHES

Héliogravures des deux bas-reliefs déposés par M. le duc de Loulé au Musée de Lisbonne.

Reproduction du triptyque en émail peint conservé à la Bibliothèque d'Évora.

ANGERS, IMP. A. BURDIN ET Cie, 4, RUE GARNIER.

Pl. XVII

Héliog. Dujardin. Paris

ATE
NDI
ORS
IMI

TE·ETVI
DETE SI
LIS·SIC
HVT·DOL

EST
DOL
ORM
EVS